ジル・ドゥルーズ

ドゥルーズ

●人と思想

船木　亨 著

123

Century Books　清水書院

はじめに

「今世紀は、いつの日か、ドゥルーズ主義の時代とされるだろう」と、ミッシェル・フーコーは述べています。かれは、少し慎重に「いつの日か」といういい方をしていますが、それにしても、これは絶大な評価です。だれかの時代と呼び得るような哲学者の名前は、哲学史上でもたちどころに数えおわってしまいます。プラトン、アリストテレス、デカルト、カント、ヘーゲル、ベルクソン……。

しかしながら、フーコー自身のほかの著述からすると、この表現には複雑な印象を受けざるを得ません。哲学は、普遍的な真理を探究する営みです。だれか哲学者の時代というのは、その哲学者によって真理への道筋が拓かれたという意味でありましょうが、フーコーは、「人間は死んだ」と宣言して、各時代の代表者によってそれぞれの時代が説明されるといった歴史観を否定し、時代それ自体が終焉したのだと考えていたのです。ですから、「ドゥルーズ主義の時代」といういい方を、単純に「新たな哲学の幕開け」であるとは読めないように思われます。

ドゥルーズ（Gilles Deleuze 1925～1995）自身は、これは一種のしゃれなのだといっています。そもそも、フーコーのことばの意味は、現在はいまだドゥルーズ主義の時代ではないということとでもあります。時代それ自体が終焉するとすれば、ドゥルーズ主義の時代は、永遠に到来しないということなのかもしれません。ですから、フーコーは、そのようないい方によって、ドゥルーズの思想に真理や預言を見ているというよりは、なんらかの独特の期待をこめていると解すべきではないでしょうか。

では、どんな期待でしょうか。決してふれないではすまされないドゥルーズの話題の著書、『アンチ・エディプス（邦訳名は「アンチ・オイディプス」）』――本書でも中心的に取扱います――の英訳本の序文において、フーコーはつぎのように語っています。

『アンチ・エディプス』を、新たな理論的典拠の決定版として読むのは、誤りであろう。新たな見解や驚くべき概念が噴出してくるなかで、いわゆる「哲学」を探し求めてはならない。『アンチ・エディプス』は、現代版のヘーゲルというわけではないのである。……私は、『アンチ・エディプス』は倫理学の書であるといいたい。フランスで書かれた最初の倫理学の書であると。

フーコーがヘーゲルをひきあいに出しているわけは、ヘーゲルがすべてを説明しつくす「哲学」を発明したからです。それに対し、「倫理」とは、人間が正しく生きるべき指針を与えるもの、ないしはそこで人間が根本的に安らぐことのできる場所のことです。そこでは、説明することよりも、「生きること」が重要なのです。

フーコーが『アンチ・エディプス』を「倫理学の書」と呼ぶわけは、そのなかに「生活の手引」

が書かれているからだといいます。それは、おそらく世の中を上手に泳いでいくための手引ではありません。あるいは、ひとり賢者になるための手引でもありません。それはまた、決して、西欧文明が求め続けてきた「よい社会」を形成するのに、市民がなすべき行動の理性的基準ではありません。その文明のなかで、それでも個人であるということを一心に見つめなおそうとする実存的生活の勧めでもありません。

フーコーの著作を読むかぎり、フーコーが求めていた「倫理学」は、それらのいずれでもないが、しかし、われわれに生活の指針を与えてくれるようなもののことです。その指針を、フーコーは「非ファシスト的生活への指針」といいなおしています。ファシズムは、理性的主体のなかにも宿ります。あなたのなかに、小さなヒトラーが息づいてはいないでしょうか？　われわれにとって重要なことは、理性的であるか否かということよりも、少なくともファシストでないかどうかということなのです。

フーコーのいう「指針」は、『アンチ・エディプス』のなかでは、「逃走線」とか「ノマディズム」とかいうことばで表現されます。それがどのようなものであるのかについては、いずれ本書のなかで明らかにしていくとして、ここのところに「フーコーの期待」が表現されているということだけは、指摘しておきましょう。

そのようなわけで、「ドゥルーズ主義の時代」ということから、従来の意味での哲学的時代区分を想像すべきではないことが、お分かりだと思います。もはや、真理探究の孤高の営みとしての哲学が問題なのではありません。だいたい、フランスではすでに一九三〇年代から、「哲学がおわった」ということが、ささやかれていたのです。

「哲学がおわる（哲学の終焉）」とは、一方では、大哲学者たちの過去の遺産から解放されたということでもありますが、他方、よるべき決定的な根拠がなくなっていることを意味しています。そのことによって、現代フランス思想は、全体的に、ラディカル（急進的根本的、ただしことば足らず）であらざるを得ないような方向性を与えられてきたといえるかもしれません。

そのような危うげな雰囲気は、現代文明の核心を衝いているのでしょうか、それとも、単なる見せかけのものにすぎないのでしょうか。地球温暖化・人口爆発・オゾン層の破壊など、人類のつぎの世紀の見通しにおける悲観的なトーン――人間がどんどん生れながらばたばたと死んでいく時代のイメージ――は、現実的な危機の予測であるという以上に、哲学なき時代に漂う、文明についての一般的不安といったものを表現しているように思われます。

そのことをふまえて、「現代（近代＝モダン）がおわる」（ポストモダン）ということの意味を考えてみてください。時代区分そのものが、近代になってはじまりました。いつの時代でも、ひとは自分の生きている時代を「現代」と考えていたわけではありません。自分が生きている時代を、劣っていた過去の時代と優れた未来の時代の通過点に位置づけ、文明のあるべき究極の姿を目指して努力する人間にとってこそ、近代（現代）ということばが意味をもっていました――わが国の「近代化」については、なおさらです。

したがって、「現代がおわる」とは、人類がつぎの時代に移行するということではありません。正確には、それは、つぎの時代に向かって駆り立てられるような人間の生活がおわるということなのです。それは、何万年と同じことを繰り返していた石器時代の人間のように、シリコン・チップの新たな石器時代において、人間は「時代なき世界をただ生きる」ということなのかもしれません。

フーコーは、時代の終焉について語り続けたのですが、そのうえで「ドゥルーズ主義の時代」ということを述べるのは、おそらく、ドゥルーズの諸著作が、終焉についての新たな出発の扉を開いているといいたいのではないでしょうか。「終焉の始まり」とは、何と奇妙ないい方なのでしょうか、そして、何と謎めいたいい方なのでしょうか。

そのような不思議な思想を、わたしはこの書物によって、これからできるだけ分かりやすく説明していこうと思っています。

それにしても、現代フランス思想のさまざまな翻訳書をちょっと読んでみれば、そこで使われていることばたるや、フランス語のままのカタカナでないとすれば、聞いたこともないような漢字の組合せであって、よく分からないけれどもさぞかしすごいことが語られているのだろうと思わされてしまう類《たぐい》のものです。多くのひとが、とりつきにくいという印象をもつのではないでしょうか。

ですが、ことばにとらわれないようにしてください。哲学は、ことばの知識ではありません。哲学は、その過程を通じて得られる知識から区別される何ものかのことです。それらの知識は、知識として取扱われるときには、すでにほかの学問になっています。その知識が有用であるから知りたいというのであれば、その学問を学べばよいのです。

ある哲学者の思想を学ぶことは、知識を学習することではなく、ましてや世界についてのある実在的なイメージを想い描くことではありません。同様に、世界はすべて幻想であるとか、すべては運命によって定まっているという結論こそ、最も避けなければならないものです。それらは、哲学、すなわち「ものごとを明晰にすること」の反対物だからです。明晰であるということがどういうことであれ、哲学とは明晰であろうとし続けることです。それを学ぶには、結局、経験的事実や常識的知識と対決しながら、どこへ連れていかれるか知らないままに、その哲学者の思考についていくしかないのです。

ですから、わたしがこれから書こうとしているこの書物は、もしドゥルーズを読まないでもドゥルーズの哲学について語れるようになるためのものだとすれば、いわば余計なお世話にすぎません。ですが、せめてドゥルーズという哲学者の本を——すでにたくさんの翻訳が出版されているのですから——手にとってみたいと思うようになる、そのきっかけになったらと願って、わたしもまた、この書物で哲学の道をたどりなおしてみたいと思います。

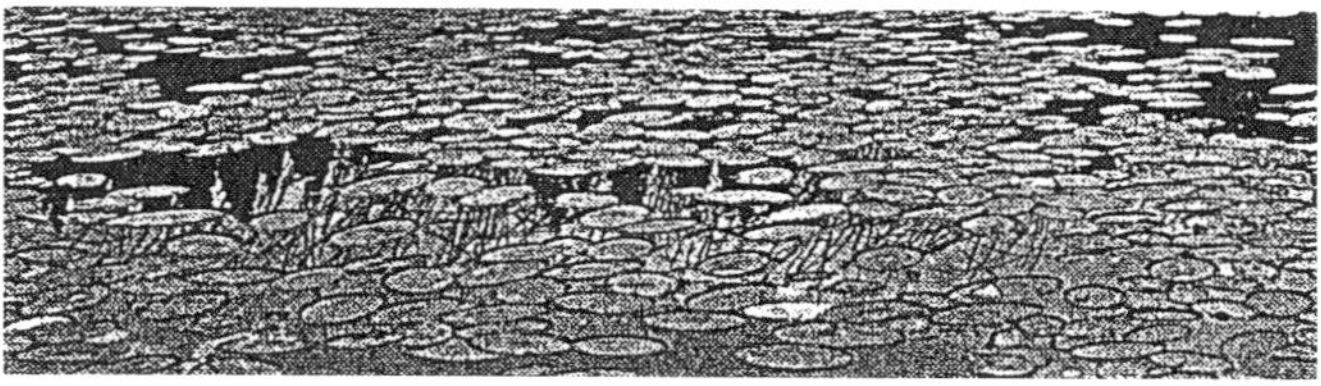

目次

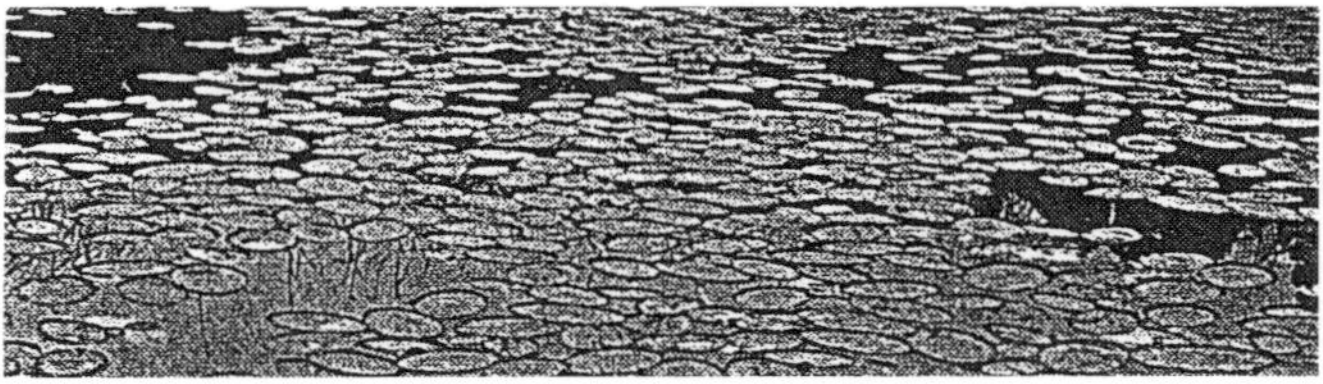

III　ドゥルーズ主義の哲学

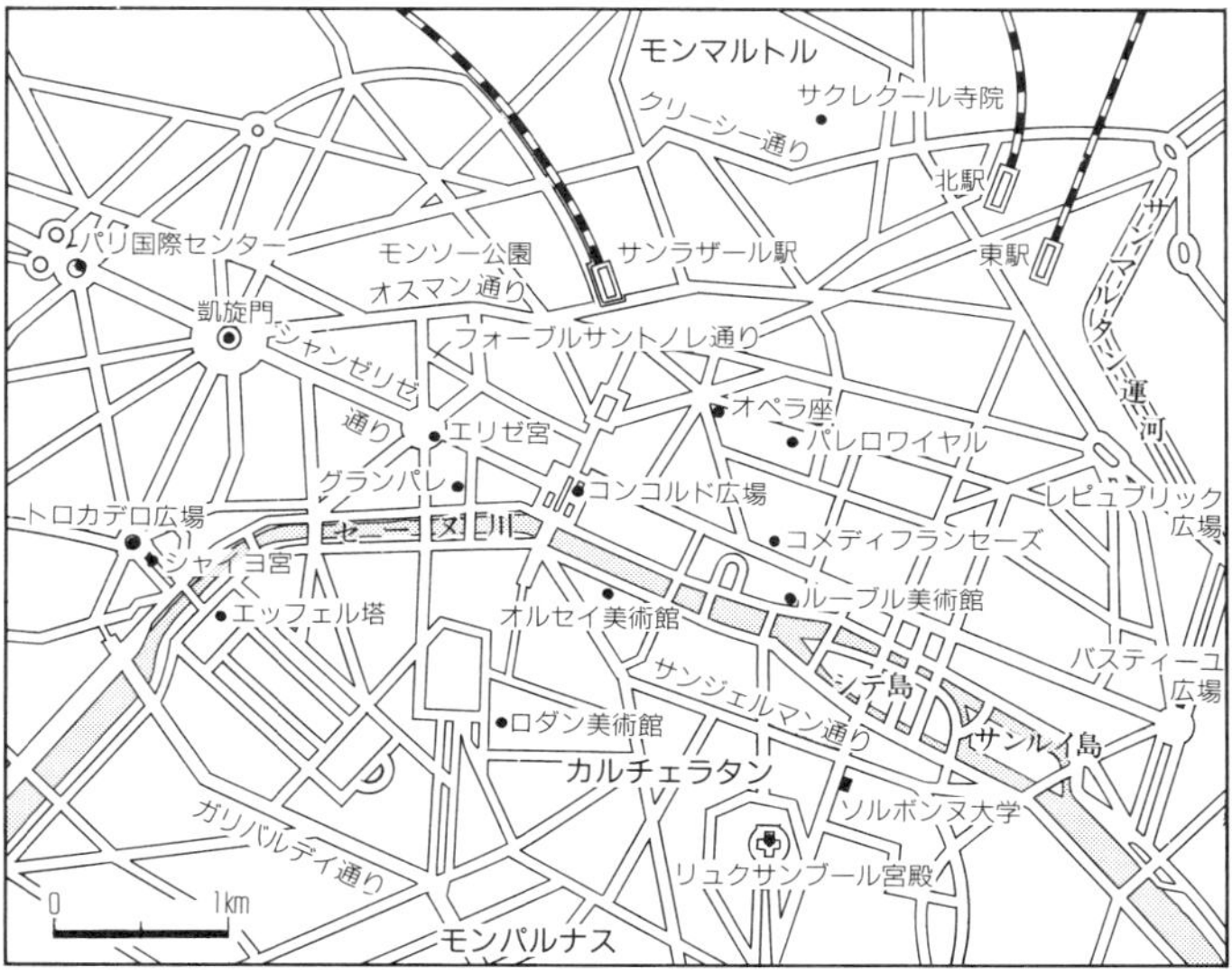
モンマルトル
サクレクール寺院
クリーシー通り
北駅
東駅
サンマルタン運河
パリ国際センター
モンソー公園
サンラザール駅
オスマン通り
凱旋門
フォーブルサントノレ通り
シャンゼリゼ通り
エリゼ宮
オペラ座
パレロワイヤル
グランパレ
コンコルド広場
レピュブリック広場
トロカデロ広場
セーヌ川
シャイヨ宮
コメディフランセーズ
エッフェル塔
オルセイ美術館
ルーブル美術館
サンジェルマン通り
シテ島
バスティーユ広場
ロダン美術館
サンルイ島
カルチェラタン
ソルボンヌ大学
ガリバルディ通り
リュクサンブール宮殿
0
1km
モンパルナス

パリ市街図

Ⅰ　ドゥルーズの経歴

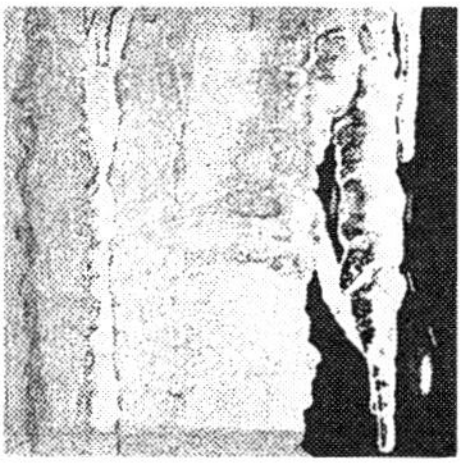

まずは、ドゥルーズというひとが、どのような経歴の持主であるかについてからはじめよう。しかし、最初に断っておかなければならないことは、ドゥルーズの生涯については、詳しいことはよく分からないということである。それゆえ、公刊されている著書のほぼ順番通りに、かれのおかれていたフランスの状況を絡めながら、ドゥルーズの「人」を説明していこうと思う。

その場合、何よりも『アンチ・エディプス』という書物が中心となる。ドゥルーズ哲学を理解したいと思うひとにとって、最も基本的な動機となるような書物であろうし、同時に、第二章以降の「思想」の部分において、とりわけこの著書を理解することが、かれの哲学を理解することに繋《つなが》るであろうことは疑い得ないからである。

一、『アンチ・エディプス』まで

おいたち　ロベール固有名詞辞典によると、ジル・ドゥルーズは一九二五年のパリ生れとあるから、高校大学時代に第二次世界大戦に遭遇しているわけであるが、青年時代のエピソードなどは、とくに知られてはいない。

大学はパリ大学（ソルボンヌ）に進み、デカルト主義のアルキエとヘーゲル主義のイポリットに師事した。教師たちとの折合いは、あまりよくなかったらしい。それは、近代哲学を根本的に批判することになるかれの思想のその後の展開を見れば、あたりまえかもしれない。ただし、処女作はイポリットに、カント論はアルキエに捧げられている。

その後、リセ（高等学校）教師、リヨン大学講師を経て、一九七〇年からパリ第八大学（ヴァンセンヌ）の教授となった。

プライベートな情報はあまり伝わってこないが、写真からも想像できるように、あまり大柄なひとではない。病弱のため、大体においてパリに住み続け、ほとんど旅行はしなかったということが知られている。病弱というのは、ぜんそくの持病があったという話である。講義を聴いたことのあるひとは、かれがしわがれ声の独特の抑揚で話すと書いている。一九七〇年代には、パリ市クリシーのマンションに住まい、恐るべき量の映画を見て過ごしていた。これはのちに、映画についての稀有《けう》な書物を著すことから推察されることである。

グレタ・ガルボ（戦前の女優）のように爪を伸ばしているということが話題になったことがある。それは、本を読みすぎて指紋が消えてしまい、指を保護するために伸ばす必要があったからだという説があるが、真偽のほどは定かではない。

なお、妻ファニー・ドゥルーズ（Fanny Deleuze 1945- ）とのあいだに、一男一女を有する。ファニーとは、共著論文が一本残されている。ファニーが翻訳したD・H・ロレンス『アポカリプス』の序文として、「ニーチェと聖パウロ、ロレンスとパトモスのヨハネ」という標題が与えられている（『情動の思考』朝日出版社）。それは、よくある夫婦のエッセイといったようなものではなくて、文学者に関する本格的評論である。その分野において、彼女の才能がドゥルーズに影響を与えているという面もあるのかもしれない。

ファニー・ドゥルーズは、ほかにもルイス・キャロル『シルヴィーとブルーノ』（ちくま文庫）の翻訳という仕事をしているが、ドゥルーズが、この書物を『意味の論理学』のなかで高く評価していることが思いだされる。

思想史的研究から『差異と反復』まで

一九五三年に、ドゥルーズは、二八歳で処女作『経験論と主観性（邦訳名は「ヒューム、あるいは人間的自然」）』という、ヒュームに関する研究書を出版する。構造主義の一方の旗がしらであるロラン・バルトが、『零度のエクリチュール』（みすず書房）を書いたのと同じ年である。

哲学の世界では、ジャン・ヴァール、マルセル、サルトル、ボーヴォアール、メルロ＝ポンティといった実存主義者たちが活躍しており、しかしながら、その分裂分解が見えはじめた頃であった。一九五五年には、メルロ＝ポンティが『弁証法の冒険』（みすず書房）を著して、厳しいサルトル批判を展開する。その同じ年に、レヴィ＝ストロースの『悲しき熱帯』（中央公論社）が現われ、高い評判を博するが、そこに構造主義が隆盛してくる予兆を看て取ることができる。

しかしながら、ドゥルーズのこの書物は、こうした流れに棹《さお》さすものではなくて、かれが地道な思想史研究者として少しずつ地歩《ちほ》を固めていく出発点であった。かれ自身、実存主義や現象学には関心がなかったと語っている。ただ、サルトルのもっていた新しさ、歴史的伝統のなかで窒息しないでゼロから書きなおすというスタイルに、風通しとしての役割を見いだしていたという。さらに、ジャン・ヴァールによって、イギリス哲学に眼を向けさせられたと述べている。イギリス哲学を研究することは、さきに述べたように、師のデカルト主義やヘーゲル主義への抵抗という意味があったかもしれない。

それから、しばらくのあいだ、ドゥルーズは、ベルクソンやルクレティウスの研究論文を発表していたが（五六年、六一年）、やがて一九六二年に『ニーチェと哲学』という本を書く。この書物には、きわめて独創的なニーチェ解釈が含まれており、それによって、かれはニーチェ研究者のひとりとして、国際的な認知を受けることになった。なお、ニーチェのフランス語訳者でもあるクロソウスキーの『ニーチェと悪循環』（哲学書房）が少したってから出版されており、両者は深いところで反響しあっていると受け取られている。

その後、ドゥルーズは、カント、ベルクソン、スピノザと研究対象を広げていく（六三年、六六年、六八年）。だが、こうした思想史的研究は、必ずしも歴史的資料としての哲学の研究ではなかった。これらの対象の選択の多様性は、むしろ、従来の思想史からすると型破りであった。かれは、つねに思想史からはみだすような哲学者に注目していたのであり、そのはみださざるを得ないような哲学の領域を総括することこそ、かれの真の目的であったといえよう。カントについては、かれ

『アンチ・エディプス』

自身は論敵に関する勉強だったといっているが、あとで見るように、その解釈にもドゥルーズらしさが出ている。

ドゥルーズは、やがて一九六八年、『差異と反復』という、形而上学の問題に真正面から取り組んだ大著を、学位論文として著した。ここにきて、かれの思想史的研究の意味が明らかにされ、ようやく、単なる思想史家としてではなく、「哲学者ドゥルーズ」がフランス思想界に出現してくるわけである。

それは、ラカンの思想が『エクリ』（弘文堂）という形にまとめられて演習室のそとに飛びだし、フーコーの注目すべき一連の研究が、フランス思想の新たな方向を描きだしていた頃であった。数年前に、『グラマトロジーについて（邦訳名は「根源の彼方に」）』（現代思潮社）を出版していたデリダとともに、その流れのなかでこの書物は注目された。

この書物は、例の「ドゥルーズ主義の時代」という、フーコーの賛辞によって思想界に迎え入れられたのであるが、その内容は高度に専門的な哲学書であって、現在でもなお十分に理解されているとはいえないであろう代物である。

さて、ドゥルーズの名が一般のひとびとにも、またわが国においても圧倒的に知られるようになったのは、『アンチ・エディプス』が出版されることによってであった。

『アンチ・エディプス』の出版

『アンチ・エディプス』――邦訳は『アンチ・オィディプス』という表記になっているが、わが国では「エディプス・コンプレックス」といういい方が通っているため、こう訳しておく――は、一九七二年、ドゥルーズ四七歳のときに、フェリックス・ガタリという精神分析医との共著として出版された。

この書物は、哲学書としては異例にも、社会的なセンセーションを巻き起こしながら飛ぶように売れたという。一挙に二万二千部を売り切り、その後十年のあいだにさらに三万部を売ったといわれている。知識人と大衆とが比較的はっきりと分かれているフランスの出版事情を考慮すれば、信じがたい量といえよう。より人口の大きいわが国においても、こと哲学関係の書物というと同様の事情である。

だが、それにしては、しばらくのあいだ、知識人からの反応、とりわけそれが批判している精神分析の専門家からの反応は乏しかった模様である。学生や芸術家たちがバイブルのようにして読み耽《ふけ》り、熱狂的な信奉者たちがドゥルーズのまわりに集まったといわれているが、一般には新聞『ル・モンド』に紹介されるまで沈黙が守られていた。英訳版が一九七七年に出ているが、フーコーやデリダほどには、アメリカでも読まれていないようである。あれほど話題になりながら、まともに取り上げた批判や評価は、今日まで決して多いとはいえない。

そのわけは、まずもって、この書物に書かれていることが、きわめて難解だったからである。そしてその難解さは、内容の難解さ以前に、表現上の難解さであった。他人のアイデアを盗んで、しやれたいい回しにするためにわざと混みいった表現を使っていると非難されたことすらあるという。なるほど『アンチ・エディプス』は、伝統的な哲学論文のスタイルではなく、狂人が書いたのではないかと評されるほどに独特の文体で表現されている。実際、精神病の患者とされたひとびとのテキストを、哲学者のテキストとまったく同じ資格で引用したりするのである。日本語版の翻訳者である市倉宏祐氏は、つぎのように書いている。

何を論じているのかといった内容のことになると、いくら始めから丁寧に読んでも、何が書いてあるかさっぱり分からないといったところが、いつわりのないところである。この書物の主役を演ずる「欲望する機械」といった概念にしてからが、全く奇妙な概念であるにもかかわらず、それが何の説明もなしにいきなり冒頭から登場してくるといった次第である。普通の常識からいえば、機械が欲望し、欲望が機械であるなどといったことは、何とも不条理な話である。この書物が乱暴で荒々しい書物であるといわれているのは、このためである。(『現代フランス思想への誘い』岩波書店)

『アンチ・エディプス』は、いわゆる翻訳者泣かせの書物であって、早くから話題になっていながら、日本語訳の出版も十四年の歳月を待たねばならなかった(一九八六年)。

ガタリとの出会い

『アンチ・エディプス』の表現上の難解さは、フェリックス・ガタリとの共著であるというところから説明されることがある。共著というと、われわれはすぐにマルクス＝エンゲルスの場合（『ドイツ・イデオロギー』岩波文庫ほか）などを思いだすのであるが、共著だからといって、必ず難解な文章になるという理由はないはずである。『アンチ・エディプス』は、どこをそれぞれの著者が分担したのか明らかではないような形式で書かれている分、それだけ分かりにくくなっているかもしれない。

かれらがどのように出会い、どのようなやり方で書いていったかについては、宇野邦一氏による手紙とインタビューがあるので、紹介しておこう。

ふたりのそれぞれの証言によると、かれらは一九六八年の五月革命ののち、その翌年の夏に共通の友人を介して知りあったという。騒然とした世情のなかで、五月革命の毛沢東主義者たちが続々とラカン派（パリ・フロイト学派）に衣替えをし、ラカン派が着実に地歩を固めつつあったのに対して、内部告発するようなかたちでこれを批判する少壮精神分析医、ガタリの奔放な思考にドゥルーズは感嘆し、かれに本を書いて出版するように強く勧めたという。

これに応《こた》えて、共著という形態にすることを申し出たのは、ガタリの方であるらしい。ドゥルーズがそれを快諾したので、ふたりは、まず手紙のやりとりをし、それから数年にわたって、そのつど作業の期限を決めながら毎週のように読書会を継続し、それが『アンチ・エディプス』という書物に結実したということである。

ここで、ガタリの経歴についてしるしておく。フェリックス・ガタリは一九三〇年の生れであるから、ドゥルーズより5歳年下ということになる。共産主義者同盟（「共産主義の道」）に参加しながらボルドーの精神病院などに勤めたあと、一九五三年に設立されたクール・シャペルニーにあるラボルド精神病院院長を務めていた。何度か来日したこともあり、朝日新聞社主宰の日仏サミット'91のパネリストでもあったので、紙上で見たひともいると思うが、一九九二年八月、心臓発作によって亡くなっている。

ドゥルーズに会うまでは、かれはメルロ＝ポンティの講義やラカンのゼミナールに出席していたという。一応ラカン派と考えられていたが、イタリアやアメリカの文献、とりわけベイトソンなどを読んで、ラカン派のなかでは異端視されていた模様である。

『アンチ・エディプス』の著者のひとりとなることによって、ガタリは、ラカン派とは完全に手を切ったことになった。『アンチ・エディプス』はラカンの思想を根底から否定した書物ではないのだが、ラカン派はメンバーに対して、この書物について発言することを禁じたと、ガタリ自身が語っている。

共著ということ

ドゥルーズは、ガタリとは、論争相手というよりは、もっと愛情に近いといっていいかもしれない関係をもったと説明している。かれらは手紙で問題点を提示しておいて、会ったときにそれぞれ自説を説明して吟味しあった。かんかんがくがくの議論をするというよりは、一方が長くしゃべっては、他方がそれに質問したり注釈したりするということを、互いに立場を替えつつ繰り返したということである。

両者の話から窺《うかが》い知ることができるのは、概してアイデアを出したのがガタリであり、それを取り纏《まと》めたのがドゥルーズであるということだ。たとえば、「欲望する機械」とか、今でこそ聞きなれたものとなったが、「横断性」や「土地化」といったアイデアは、ガタリに由来する。ドゥルーズの方は、ガタリに出会ってから本格的に精神分析やマルクス主義を学んだと、率直に述べている。かれには、それをかれ自身の哲学のなかに位置づけなおす作業が必要となった。

もっとも、ドゥルーズのフロイトへの関心と独創的な読解はきわめて初期から現われており、『アンチ・エディプス』で展開された論理が、すでに一九六七年の『マゾッホとサド』に素描されていることは、付言しておかねばならない。その辺にも、『アンチ・エディプス』をどちらかというとドゥルーズの哲学において理解してよい理由があるわけである。

さて、かれは、ガタリがアイデアを出してはすぐに別のアイデアへと向かってしまうので、そのアイデアを理解するのに半年かかることすらあったと語っている。だから、ふたりがひとつの概念を同じ意味で使用しているかどうかは、結局は分からないのだという。ふたりは、それにお構いなしに作業を続けていった。

ドゥルーズは、そのような作業を、ウィリアム・バロウズの作品で有名な「カット・アップ」という技法で解説している。たくさんの断片をモザイク上に配置しておいて、全体で意味あるものと

ドゥルーズ（右）とガタリ（左）

して示すのではなく、それらの断片に非主題的な形で別の次元の統合を与えるという手法である。鑑賞する側は、与えられた断片を記憶のなかで合成することによって全体像を把握するのではなくて、そのどの断片とも関係ない別のインスピレーションを受け取るのである。

　要するに、かれらは、意見を一致させながら書いたというよりは、さまざまな主題において、意見のずれから来る緊張関係を持続させながら、しかしどの主題にも共通する、その緊張が由来するひとつの方向に引き寄せられるようにして書いていったといえば、少しはイメージがつかめるであろうか。

　最終的推敲は、基本的にドゥルーズが行った模様である。ドゥルーズは、ガタリの描きだす、現実の制度や流布している理論への攻撃の無数の諸断片を、ひとつの用意周到な見取図に書き起こし、ガタリが語る以上のものへと表現した。その結果、ガタリのアイデアは、ドゥルーズの哲学史的教養のなかで形をとって、哲学的意義づけを受け取るようになったのであるし、他方、ドゥルーズは、かれ自身の哲学の現実的社会的意義をガタリから受け取ったのであると推測することができる。

ガタリが冗談のようにして語っているが、「ドゥルーズの天才をガタリが台無しにした」という陰口すらあったようである。つまり、哲学論文に関しては、厳密な思考を緻密に表現する書き手として通っていたドゥルーズが、あんないい加減な文章を書いたのは、ガタリの悪影響だというわけである。なるほど、ガタリ自身の著書は、何をいいたいか分かりにくい文章ではある。

文体の難解さの根拠

文体への読者のそのような困惑は今日まで続いているが、表現上の難解さは、共著であることからくるものではないように、まして思考の厳密さの欠如によるものでもない。むしろドゥルーズの、少しまえに出版された『プルーストとシーニュ』（一九六四年）や、『差異と反復』に続けて出版された『意味の論理学』（一九六九年）という著書の系列をひもといてみると、ドゥルーズの側にも、文体においてガタリに歩み寄って差し支えないような要素が存在することに注目しておくべきである。

というのも、思想史的研究を通じて探究されていた哲学的内容は『差異と反復』へと総合されたが、これらの著書は、そこからはみ出した部分をもっている。哲学史を丹念に読み取りつつ、自分の哲学に確固とした表現を与えていくという、伝統的で優等生的な哲学研究に対して、伝統的哲学的表現様式の否定といった主張が、そこに滲出《しんしゅつ》してきているのである。こうしたアンビヴァレンツ（肯定否定の錯綜した両価的態度）こそ、実はもっともドゥルーズらしさを感じさせるものである。そうした事情を背景として、『アンチ・エディプス』の文体の成立を理解しなくてはならないであろう。

『意味の論理学』がテーマにしていたことのひとつは、表現されたものと表現活動との関係であった。この書物は、とりわけルイス・キャロルの諸表現を手がかりにしながら、言語表現の形而上学的地平を明らかにしようとしたものである。

ルイス・キャロルは、『不思議の国のアリス』（角川文庫ほか）ほかにおいて、いわば、ナンセンス（無意味）を集大成しようとしているわけであるが、それにしても、ナンセンスはまったく「無」意味な文の集まりということではない。言語学や論理学は、日常的な文の意味を、もっとも「まともな」表現がもつ意味をモデルとして、そこからの隔たりとして理解しようとする。だが、ナンセンスは無意味なのではなくて、「まともさ」を欠いているにすぎない。とすれば、まともな表現を「まとも」たらしめ、ナンセンスを「ナンセンス」たらしめている別の秩序が存在するはずであろう。それが、言語表現の形而上学的地平である。

一旦こうしたことを考えはじめたならば、最もまともで、最も緻密でなければならないとされている哲学における言語表現も、素朴なままではいられない。芸術作品においては、表現されたものにいわばバイアスをかけるものとして表現活動が評価される。しかし、芸術作品と同等の表現活動の働きが、哲学的営為においても働くのだとしたら、哲学的に書いたその瞬間に、それが単純に真理を反映しているとはいえなくなるのではないかという疑問にさらされないではいられないであろう。

この点に関しては、ドゥルーズは、真理を語ることが不可能になると述べているわけではない。簡潔にいえば、かれは、「矛盾（対立的ないい方）」という、対立する命題のいずれか、ないしそれ以外の命題が勝利をおさめることを通じてではなくて、「ヴィスディクシオン（平衡的ないい方）」（『差異と反復』第四章）という、二つの命題をパラドックスのまま展開することを通じて、真理に近づいていくことができるとしている。なるほど、『アンチ・エディプス』はパラドックスに満ちているが、それはいわば、単線的でない「パラレルな思考」が必要だということであろう。

なぜそのようなことを主張し得るのか、いいかえると、表現の形而上学的地平とはどのようなものであるのかということについては、第Ⅲ章で解説しなおすとして、『アンチ・エディプス』的文体にもドゥルーズ流の根拠があるに違いないのだということを、ここで指摘しておきたい。

『アンチ・エディプス』の著者の問題

すでに述べたように、『アンチ・エディプス』という書物は、若者から圧倒的な支持を受けた。フーコーも推奨しているように、具体的な処方箋というわけではないが、この書物には新しい生活の指針が示されている。心からは受入れていない現実のプチブル的生活や、あるいは、もはや希望の見えない左翼的な生活ではない、そうしたかぎりでの新しい生活の指針である。幻想を与えられながらやむをえず縛られてしまうこの現実の重苦しさを一挙に乗り超えて、いままでとは違った生活をはじめられる可能性が示されている。この書物は、少なくともそう受け取られたのである。

ここですぐに、だれからも疑問を抱かれるかもしれないのは、そのような書物を著《あらわ》したドゥルーズが、あいかわらずパリ第八大学の教授であり、七つも部屋のあるマンションに住んで普通の家族生活を営んでいるということであろう。『アンチ・エディプス』は、とりわけ家族の愛といったイメージを攻撃したのであった。

早速、このことにかみついた青年がいた。ミシェル・クレッソールという、当時二五歳の若者が、ドゥルーズの家を訪ね、自分の書いた『ドゥルーズ論』という本に、何か未公刊の論文を寄稿してくれるように依頼してきた。そうした厚かましい申し出については、ドゥルーズはただちに断わったが、往復書簡の形態であるならば応じてもよいと答えた。それで、われわれは、そのことに怒っているクレッソールの手紙と、ドゥルーズの返事を読むことができる（『記号と事件』）。

クレッソールは、思いつき次第というふうにさまざまな点を罵っているのだが、要点としては、ドゥルーズが、身をもって新しい経験を作りだそうとしているひとたちの報告を、自分は危険を冒さずにただ利用している、そして、若者をそそのかしながら自分は安泰な地位にいすわって、名声のみを享受しているというものである。

ドゥルーズは、それに対し、そういう形式や見かけが問題なのではないと答えている。つまり、批判するひとびとは、こうでなければならないとか、こうあってはならないとかのイメージを前提して批判しようとするわけであるが、それはすでに『アンチ・エディプス』のなかで指摘された社会の仕組によって作りあげられてしまっているイメージであって、そうしたイメージへのとらわれからまず解放されなければ、真になすべきことは見えないというのである。

ドゥルーズは、ある書物のなかで、「ひとはわれわれに、ある哲学者が述べていることを、あたかもかれがなしていること、あるいはかれが欲していることででもあるかのようにもちだしてくる」（『経験論と主体性』第六章）と述べている。クレッソールの批判においては、ドゥルーズという著者がいて、その著者が自分の主張に適《かな》った生活をしているかどうかが、その主張が正当であるかどうかの基準になると前提しているが、そのような推論は、人間主体なるものが、つねに言行一致している理性的な存在者であるという見方に由来する。その見方こそ、この社会を構成している欺瞞のひとつにすぎないということではないだろうか。

何をなすべきか？

こうした解答が、ただちに納得できるものかどうかは、あとで述べる詳しい説明まで待っていただきたい。ここでは、『アンチ・エディプス』という書物の影響力が大きいだけに、「ひとは何をなすべきなのか」についての直接的解答を、ドゥルーズ自身に求めようとする一般的傾向があり、そのまったく理不尽とまではいえない切実さは認めておくことにしたい。

多くの思想は、述べられるとただちに、性急にも、「では、私はどうすべきなのか」という問にさらされてきた。そうしたものは、思想というより政治や宗教の仕事であると答えるばかりでは、思想は高踏的だとか観念的だとかいって批判される。多くの段階や媒介があって、直接的には答えられないのだという答は、何かごまかされているとの雰囲気を与えるだけであろう。

何よりも『アンチ・エディプス』は、倫理学の書という読み方が可能なのである。「何をなすべきか？」という問いかけとそれに対する応答が、この書物を貫いているし、それゆえにこそ、この書物はよく売れたのである。そして、そうしたものがこの書物において実現されているという暗黙の合意は、五月革命という背景を考えると、理由ないことではない。

断言するとすれば、『アンチ・エディプス』は、五月革命から生れてきた書物である。著者たちも、この書物は「五月革命の延長にある」といういい方をしている。かれらは五月革命の直後の独特の雰囲気のなかで意気投合し、この書物に取組んだのであるし、この書物が現われたとき、読者もただちにこれを五月革命の決算書として受け取ったのである。そこからすると、クレッソールの苛立ちも分からないものではない。

そこには、「何をなすべきか？」についての思想の従来の分かりにくさとは、別の分かりにくさがある。高踏的だということではないし、曖昧なのでもない。この書物の主張はポップ（大衆的）であり、攻撃目標は明晰である。（ソビエト連邦の崩壊を予言するかのように）マルクス主義と共産主義革命の限界が指摘される一方で、フロイトのエディプス・コンプレックスが、個人と家族の関係の問題として考えられていることが批判されている。にもかかわらず、「では、われわれはどうすべきか」が、分かりにくいのである。

二、五月革命とその背景

以上の問になにがしかの答を見いだすには、実際に『アンチ・エディプス』を読んでみることであろう。だがそのまえに、そもそも一九六八年に起こったフランス五月革命とは、歴史的にどのような事件であり、どのような特色や意義をもっていたのか、少しドゥルーズから離れて、歴史的事実とその背景になる思想について復習をしたうえで、『アンチ・エディプス』の書かれた方向性、受け取られた方向性を理解しなおすことにしよう。

五月革命のなりゆき

一九六八年というと、中国の「文化大革命」が進行しつつある一方で、東西冷戦は雪解けを迎え、「第二次大戦後」という雰囲気が払拭されはじめた時期である。学生たちの政治意識は、泥沼化したアメリカの対北ベトナム戦争に反対する「ベトナム反戦」という主張を中心にしていた。かれらの運動は、最初は政府との小競り合いにすぎなかったが、徐々に目標を大学改革要求に変えて、膨大な数の学生を巻き込んでいった。そして、やがて世界各地で学生紛争と呼ばれる政治闘争の火が吹きはじめた。これが、いわゆる「スチューデント・パワー」である。

学生は、大学構内の施設にバリケートを築いて講義をさせないという手段により、大学当局に要求をのませようとするし、大学側は警察や機動隊を導入してこれを実力で排除しようとする。その

五月革命（1968年５月、パリ）

結果、死傷者も出すようなぶつかりあいが、いくつもの大学で頻発するようになった。それは、一九六〇年代初頭にまずアメリカではじまり、やがて旧西ドイツ・イギリス・日本などで盛んになった社会現象であった。

フランスの場合は、そうした点では、とにかく一九六八年五月までは比較的平穏だったといわれている。ドゴール大統領の核戦略や金保有政策は成功を収め、低下傾向にあったとはいえ、フランスの国際威信は保たれていた。国民総生産の伸びは高くはなかったが、問題があるというほどでもなかった。社会的諸制度は、十分に機能していると思われていたのである。

それから、ある日突然にスチューデント・パワーが火を吹き、五月六日のカルチェラタンの二万人デモ、そして連日、デモに参加する学生の数は急激に膨れあがり、一〇日には「バリケードの夜」と呼ばれた学生と機動隊との攻防で、パリ市内は修羅場と化した。

フランスがほかの国と違っていたのは、そのさきであった。政府による学生の弾圧を批判する教職員組合と労働者の諸団体が一斉にストを打って、学生側の支援に回ることになった。ストは職種を越えて燎原の炎のように全国に広がり、五月二〇日には八〇〇万人もの労働者が参加するにいたった。これは全労働者数の約半分といわれている。フランス全土に赤旗がひるがえり、空港を含む交通機関の一切が遮断されて、パリが陸の孤島になるなか、ひとびとは当時の大統領ドゴールに対して、「ドゴール・ノン」と叫んだ。ここにきて、フランスはまさに、革命前夜の状況を呈するにいたったのである。

もし五月革命が成功していれば、それはマルクスが予言した意味での真の革命、先進資本主義国における最初の革命となったはずである。というのも、現存する共産主義社会は、資本主義が未熟な社会において生れたものであり、旧ソ連や中国は、その地の民族とマルクス主義との妥協の産物といった社会にすぎなかった。これまで、マルクスが理論的に予言した理想社会が地上に実現したことはなかったが、五月革命は、それへと向かう真の共産主義革命として、絵に描いたように一挙に盛りあがったのである。

政治的には「五月危機」と呼ばれるこの事件は、しかしながら、五月三〇日のドゴールの演説によって、あっけなく終息に向かう。革命は、流産したのである。ドゴールは、いくつかの起死回生の手を打って野党勢力を分断し、保守勢力を結集して信任を回復した。そのあとの投票では、五月危機以前にもまして、自分の体制を確固としたものにすることにさえ成功したのである。

フランスにおける学生紛争の特徴は、つぎの二点にある。第一に、そのきっかけが、政治的に組織された学生によって指導されたというよりは、寮や試験の制度といった極めて身近な問題で生じたトラブルに対する大学側の権威主義的な対応への反発から発しているということ。第二には、その過程で、紛争が大学のそとに出て多数の労働者を巻き込んでいき、ついには体制の打倒を主張するようになったということである。社会全体を動揺させたこのような事態は、ほかの先進諸国においては見られなかったことであった。

メルロ＝ポンティの夢

五月革命は、思想的にはとりわけ、一九六一年に世を去った、コレージュ・ド・フランスの哲学教授、モーリス・メルロ＝ポンティが準備したのだといわれることがある。思想的に準備するとは、あとから見ると、影響力ある著書のなかにその可能性が素描されていたということである。

メルロ＝ポンティによると、革命は一定のリーダーが指導するのでもなく、また必然的に生じてくるものでもなく、それはいわば歴史の干満のなかでおのずから到来するものだという。ひとびとが匿名の一個人として、運命として享受しながら生きている社会状況のなかで、体制に対する漠然とした不満が熟してくることがある。そして、ひとりひとりが、その不満は個人の単なるわがままなのではなくて、それぞれの自由を妨げている共通の社会的条件によるものだと気づくようになる一瞬がある。そのとき、だれかが「われわれは労働者（プロレタリアート）である」と叫ぶならば、そのことばが、またたくまにひとびとのあいだでこだましあい、その本質的意味において理解されて、体制を打倒するような大きな運動に結集されるであろう。メルロ＝ポンティは、このように考えていたのである（『知覚の現象学』みすず書房）。

実際、五月二〇日までは、事態はあたかもそのように推移していた。平穏な社会状況に反して、学生は、学生数が急速に増大しているのに大学は増えず、制度が官僚的中央集権的でエリート養成に傾いているのに抑圧を感じていた。労働者は、数字の上ではともかく、実質賃金が目減りし、日増しに貧富の差が広がっていることを感じていた。そのような状況のもとで、学生の反乱とそれに対応する政府のやり方を見て、まさにひとりひとりが日常生活における個人的な不満を社会体制全体の問題に結びつけて考えることに成功したのである。八〇〇万人が、もはや自分の行為が適法かどうかを問題とせずに、体制を変えようとする運動に参加したのであった。

このように、革命はそこまでやってきていたのであるが、ところが、意外にも「われわれは労働者である」と日頃から主張していたひとびと（共産党および社会主義政党）の方が、組織を使ってこれを押えこんだのであった。五月三日、学生の騒動がもちあがったとき、政府は機動隊によって鎮圧すればすむことだと楽観視していた。野党各党もまた、それに対し何の反応もしてはいなかった。学生に呼応した労働者のストライキは、さまざまな組合組織で自発的にはじまったが、その指導団体である野党各党は、むしろそれを押し止めようとし、学生と連帯しないように指示を出したのである。

メルロ＝ポンティ

野党各党は、革命政党であることを標榜しながら、それぞれの戦略や互いの利害を斟酌することに眼を奪われて、千載一遇の好機に状況を見誤ったのだといわれている。労働者を指導するはずの社会主義各党は、はからずも労働者よりも保守的体制的であることが暴露された。ドゴールは、そこにつけこむことができたのであるし、労働者たちにしても、みずからは真の目的を見いだし得ず、あっさりと鉾《ほこ》を収めてしまったのである。

このようにして、「メルロ＝ポンティの夢」は、大きく膨らんでぱちんとはじけた。マルクス主義に期待を寄せていた多くのフランス知識人の、当時の熱情と絶望とを想像してほしい。ドゥルーズやガタリも、そのひとりだったのである。ガタリが、さる対談のなかで、「他の多くのひとにとってと同様に、六八年五月は、ジルとわたしにとって、自分を根底から揺さぶられるような出来事だった」と語っている。

マルクス主義における実践の問題

通常、実存主義の列に加えられるメルロ＝ポンティが、こうした政治的な主題に関わっていたのは不思議ではない。

フランスは、第二次世界大戦において、あっというまにナチス・ドイツに蹂躙されてしまったという歴史をもつ。世界恐慌のなかで、ひとりひとりの自由を問題にしているあいだに、なすすべもなくあっさりとファシズムの波に巻きこまれてしまったのである。そのことへの反省から、戦後の知識人にとって、歴史のなかでどのようにして自分のおかれている客観的状況を理解し、どのようにしてそこでなすべきことを知るかということが問題とされるようになっていた。

そこから、多くの知識人がマルクス主義に共感を示すことになった。というのも、マルクス主義は、今後の歴史の展開、いわば「歴史の真理」を知っていると称していたからである。歴史の真理である共産主義社会は、資本主義を乗り超えるところにその根拠をもっている。現代を資本主義社会として精密に分析したのは、マルクスである。現実の社会が理想的な社会でなく、そしてそのわけが資本主義体制であるという点に存するのであるならば、それがどんなものであれ、共産主義革命に希望を見いださない理由はないであろう。

だが一般に、社会全体が、そこに住まうだれにとってもよいものとなることと、そのなかのだれかが（自分が）よい境遇にあることとは一致しないものである。たとえ、よりよい社会になるかもしれないといっても、そのために一旦よくない境遇に陥ることを、ひとはなかなか受け入れるものではない。

個人の革命（意識革命）と社会の革命の関係は、どうなっているのか。個人の革命と社会の革命をともになしとげて共産主義社会に到るには、何をなすべきなのだろうか。マルクス自身は、革命を通じて意識は変わっていくものだと述べている。だが、革命の気配もないところでは、それはどのようにしてなのか。そこにこそ、戦後フランス知識人がマルクス主義に見いだした、最大の実践的問題があったといってもいいだろう。

この問題については、ヨーロッパにおいていちはやく革命を達成したレーニン的な解決法というものがあった。『何をなすべきか？』（一九〇三年）というレーニンの有名なパンフレットがあるが、歴史の真理を知る少数者こそが、断固として大衆を導かなければならないとされたのである。

フランス共産党も、党だけが歴史の真理を知っていて、革命を指導する組織であると考え、みずからを大衆に対して特別の位置においていた。それゆえ、おおむね、実存主義者の側からの議論は、マルクス主義を歪《ゆが》めるものだとして退《しりぞ》けたのである。

実存主義とマルクス主義

マルクス主義を評価していた知識人とは、とりわけメルロ＝ポンティやサルトルといった実存主義者たちであった。そして、学生や知識人に対するかれらの影響力は、きわめて大きかった。だが、共産党と実存主義者のあいだには、論争というよりは、単に政治的立場が近づいたり離れたりするといっただけの関係が、一九五〇年代を通じて続けられた。

実存主義者は、まずは私の実存ということを問題にする。社会とその歴史のなかで意味づけられている私があるということと、それにもかかわらず「いまここに」与えられたものとしての私があり、その私が日常的で瑣末なさまざまな問題のなかに、人間として普遍的な諸問題を見いだしている。死すべきものとしての人間の有限性、世界全体を認識しようとする理性の限界性、あるいは社会の道具的技術的連関に巻き込まれて平凡な生活を送る人生の意味、そしてまた男性であり女性であるということの意味、そうした問題を革命とどうやって調和させることができるのか。

サルトル的な解決法というのは、その両者がどこまでいっても二重のものであり、同時的なものであるということであった（『方法の問題』人文書院）。すなわち、社会の変革のためにみずからを犠牲にする行為が、同時にまた私の個的感情的な意識生活のなかで意味あるものとして見いだされなければならないというのである。差別を告発するといった英雄的な行為も、たとえば自分の幼児期のコンプレックスが突飛な表現行為によって満足を見いだすといったようなことから実現するのである。

両者があくまでも平行の関係であるということから、逆に、それを重ねあわせなければならないという思想が生れてくる。それが「アンガージュマン（参加）」の思想、感情的生活を営んでいる個人であり続けながら、つねに人類の代表として自己を見いだそうとする思想である。ボーヴォアールとの独特の関係も、未来の人類の生活を志向しているのであって、風変わりな結婚スタイルも認められるべきだという自由主義的発想によるのではなかった。

しかしながら、これでは、どうして大多数のひとの行為の方向が調和して、革命が生じてき得るのかが理解できない。人間の意識の普遍性は歴史に対して超越的であるのに、どこまでも歴史のなかで起こる革命に対して、意識がどのようにして関わっていき得るといえようか。

たとえ「共産党はつねに正しい」とサルトルが主張しようとも、それは個人がそれぞれの動機によってそう意味づけるかぎりにおいてなされ得るのであって、変革されるべき社会のためではない以上、党の思想そのものにはならないわけである。少なくとも共産党の側からは、そのようなものとしか見えなかったし、実際にも、サルトルの著作は、サルトルの意図に反して、右翼や保守派の人びとに論拠を与えることが多かったのである。

そのようなサルトルの考えを、ウルトラ・ボルシェヴィズム（たった一人の共産党）と批判したメルロ＝ポンティは、さきに述べたように、個人の問題が歴史の真理に繋がる瞬間があることを主張していたわけである（『弁証法の冒険』みすず書房）。歴史のなかで無意識のうちに状況が熟してきて、個人の問題がすべてのひとに共通する社会の問題として見えてくる（意識される）ような瞬間が訪れるときに、たまたま「われわれは労働者（プロレタリアート）である」と叫ぶことになる英雄的人物、それがたとえばレーニンだったのであると、かれは説明した。

共産党の代表的論客であったルカーチは、メルロ＝ポンティがマルクス主義を比較的正しく理解していると評価しつつも、それでも、歴史を神秘化しているといって批判している（『実存主義かマルクス主義か』岩波書店）。メルロ＝ポンティは、人間はいつでも歴史を正確に読み取れるわけではなく、正確に読み取ることが不可能ではないような歴史的状況が、偶然にしか到来しないと考えていたからである。

もはや実存主義ではなく

しかしながら、現実の歴史はもっと分かりにくいもの、もっと突発的で偶然的なものだったというべきであろう。メルロ＝ポンティの思想は、五月革命においては、ルカーチのいうところとは、まさに正反対の方向で裏切られることになったのである。

五月革命のさなか、毛沢東やゲバラの写真がいたるところで掲げられ、精神分析をマルクス主義に接合しようとしたマルクーゼやライヒの本が、盛んに読まれたという。ひとびとが指導者や方法を求めていたのは確かである。だが、「英雄」は出現しなかった。それに、革命が首尾よく成功したとしても、そこで生みだされようとしていた社会は、大衆の描きだそうとしていたものと、おそらくは一致しなかったのである。

五月革命において、確かに大衆の運動は生じ得た。しかし、理論的にはどうであれ、ひとびとが身をもって思い知らされたことがある。革命が挫折したとすれば、むしろ結果こそが正しいのであって、マルクス主義のいう歴史の真理は存在しなかったのである。歴史の真理が存在しないとして、たんなる暴動が手際よく終息させられたのだとすれば、ひとびとはいつでもファシズムの情熱に身を任せることができるということになる。いずれが革命であり、いずれがファシズムであるかすら定かではない。左翼から見ればドゴールの巻き返しこそファシズムであるが、右翼から見れば五月革命そのものがファシズムなのである。

ファシズムを繰り返させてはならないというのが、ヨーロッパ知識人の原則的な問題意識である。それは、合理主義にのっとった近代的自我にとって、最も恥ずべきスキャンダルなのである。スターリニズムが一種のファシズムではないのかということも、われわれが想像する以上に切実な問題であって、なかなか口にすらできないことであった。というのも、もしそうだとしたら、壮大な実験の失敗としてマルクス主義すらも根拠を見失い、歴史の一切の大衆的運動はファシズムと区別のつかないものとなってしまうからである。

五月革命以降、マルクス主義への幻滅と並行して、実存主義が急速にすたれていく。そのわけは、個人の革命か社会の革命かといった二者択一が、もはやリアルなものではないとひとびとが感じてしまったことによると思われる。大衆的運動が相対的なもので、結果として生じてくる体制によって革命であったりファシズムであったりするのであるならば、大衆的運動の盛り上がりに何を期待したらよいというのだろうか。実存主義とマルクス主義の緊張関係を構成していた問題の様相が、すっかり変化してしまったのである。

今日では、「個人と社会」というホッブズ以来の思考の枠組に、もはや入ってこないような諸問題が意識されるようになっている。社会は、思考するには巨大で複雑すぎるし、ひとびとは、個人というほどには確固たる私的経験をもつこともできない。こうした状況が実存主義的意識によって非本来的なものだとされればされるほど、かえってそれが虚ろに響き、なぜそれを咎《とが》められなければいけないのかと、ひとびとは苛立《いらだ》たされるようになっている。

平俗な表現を借りるならば、いよいよ溢れ出てくる情報の洪水のなかで、なにもかもが、知識や事実というよりはある種の情報に還元されてしまうなかで、「本当のこと」とは何なのかが切実な問題となってきているのである。というのも、情報の信憑性は確率論的なものであるし、情報の価値は、知識や事実のように自分ひとりだけでも保持できるものではなく、まずは多数のひとびとに共有されていること、せいぜいそれに先駆けていることに由来するからである。

情報宣伝がファシズムにおける大衆操作の道具として使用されたが、いまや、だれが操作しだれが操作されているのか、どれが大衆の操作であってどれが事実の報道なのかも明らかではない。そうした状況のなかで、「実存」や「歴史の真理」といったことばが空虚に響くのは、実存であれ支配階級であれ、何ものかを全面的に操作することができるような「主体」といったイメージが荒唐無稽なものになってしまっているからであろう。

『アンチ・エディプス』の思想的意義

五月革命は、メルロ＝ポンティの夢とは異なって、ひとりひとりは「私は労働者である」というふうには、自己を見いだすことができなかった。そうではなくて、この高度に複雑な社会のなかで「私はだれであり、ここはどこであるのか」という空虚を見いだしたのである。五月革命は流産したというよりも見失われた、すなわち、突然消息を絶ったのである。

それゆえにこそ、『アンチ・エディプス』のような書物が待ちかまえられていたのであり、そして出現すると即座に、それが五月革命を自分たちのものとして取り戻すためのビーコン（誘導信号）であると認知されたのであろう。

五月革命以降、何が問題であるかは、かえってはっきりしている。歴史の真理は、見いだされるものではなくて、むしろ発明されたイデオロギーにすぎない。とすれば、大衆的運動は、革命であるのかファシズムであるのか。大衆は盲目であり、革命とファシズムを識別する指標はないのではないか。ファシズムは特定の状況で作りだされるのではなく、いつでもどこでも、ここそこで養われているのではないか、こういったことが問題になってくるのである。

すでに実存主義者たちが素描していたこうした一連の問を、五月革命をくぐり抜けたうえで書かれた『アンチ・エディプス』は、ある意味では、引き継いでいるともいえよう。この書物は、五月革命で求められていたライヒの思想の、精神分析とマルクス主義の接合といった目標を、より包括的徹底的に鍛えられた形で表現していた。

精神分析とマルクス主義に共通しているのは、意識を出発点として考えるのではなくて、それ以外のものの「効果」として考える点にある。どんなにひとりひとりが真剣に思考して結論を出そうとも、個人の問題においては、精神分析がそれを無意識の抑圧の仕組（コンプレックス）に規定されているとみなすし、社会の問題においては、マルクス主義がそれを支配階級の思想（イデオロギー）に規定されているとみなすのである。

ライヒの思想は、個人と社会の平行性というホッブズ的枠組からついに免れることができなかったが、この枠組をはずしてみれば、精神分析とマルクス主義は、同じ問題についてふたつの系統のことばづかいで議論しているだけだと理解されなくはないであろう。実存主義とマルクス主義に緊張関係をもたらした、個人の意識生活と社会変革という二律背反は、『アンチ・エディプス』によって、そのような方向において乗り超えられたといってもいい。

ドゥルーズ＝ガタリが、この書物のなかでなしとげようとしたことは、マルクスが描きだした資本主義社会の仕組が、いずれの方角からいずれの方角へとわれわれを横切っているのかを明らかにすることであった。すなわち、自分と社会の現実的関係を測量するための適切な観測点はどこにあるのかを明らかにすることであった。

かれらは、「歴史の真理」という名目でも、「実存」という名目でもなく、ただ抑圧をある方向ではずしてみたかぎりという意味での「本当の姿」において、それをしようとしたのである。というのも、状況はもっと深刻なのであって、社会全体を真に理想的なものとして再構成するとか、すべての抑圧から人間を解放するとか、そうしたスローガンを叫ぶほど、かれらはナイーブではいられなかったからである。

もはやマルクス主義ではなく

『アンチ・エディプス』がはずしてみせようとした抑圧とは、精神分析が社会のなかで機能している形態としての核家族的生活のイデオロギーであった。「パパ―ママ―ぼく」という枠組が人間の基本的単位とされ、社会組織の枠組と平行的に捉えられるようになっている仕組がある。これが現実をどのように歪めさせているかを示すことが、『アンチ・エディプス』の中心的主題であった。すなわち、社会的人間関係においては、すべてがパパの代わりやママの代わりを求める欲求となる傾向があって、個人的経験なるものはそれによって構成されているにすぎず、その結果、真に社会的な問題が意識から消えてしまうという状況が問題なのである。

ホッブズ以来、さまざまな理想社会が描きだされてきた。社会は個人の集まりから成り立っていて、個人相互の利害を調和させる法則や制度があるはずだと考えられてきたのである。各個人が自由であればあるほど社会体制は自由を支えるものとなり、社会体制が自由なものであればあるほどその成員は自由になることができると考えられてきた。しかし、個人が本当に相互に対立しているならばその理想を見いだす可能性もないわけではないが、もし個人が、対立するほどはっきりしないぼんやりとした暈《かさ》のようなもので、しかも相互にすれ違っているだけで嚙みあうことがないとしたらどうだろうか。そこにファシズムの可能性もある。

『アンチ・エディプス』によると、個人的生活と考えられているものも、実は、決定的に社会的歴史的なものに絡みとられている。実存主義者のいうように、歴史を超えた人間の普遍的条件があるわけではないが、また、マルクスの考えた以上に人間は社会的に規定されているのであり、抑圧の仕組は複雑なのである。

こうして、ドゥルーズとガタリは、実存主義者たちとはちょうど反対の方向から、マルクス主義の限界を描きだそうとしたように思われる。すなわち、マルクス主義もまだ人間的すぎるのである。なるほど歴史の真理は存在するが、それは労働を本質とするような人間の真の姿を出現させるポジティヴなものではない。歴史の真理は、人間が決してそれでないところのものとしての、人間性の究極の限界であるネガティヴなものでしかないであろう。

ソビエト連邦が崩壊したいま、マルクスが正しかったのは、現実の社会が資本主義社会であるという分析においてだけである。資本主義社会は、もちろん非人間的な社会なのであるが、未来においても過去においても、「人間的な社会」などは存在しなかったのである。『アンチ・エディプス』によれば、資本主義社会とは、ただ純粋に未来にとどまり続ける究極の理想社会を、祓《はら》い遠ざけるために循環し続けている過程にほかならない。というのも、「究極の理想社会（ユートピア＝どこにもない場所）」とは、死の世界のことだからである。

三、構造主義との関わりとそれ以降

『アンチ・エディプス』の社会的歴史的意義については、以上で明らかになったと思う。第II章で、具体的にその内容を解き明かすことにして、『アンチ・エディプス』以降のドゥルーズの活動と、かれに関わりのある社会的思想的動向を、さきに述べておくことにしよう。

構造主義の流行

五月革命のあとで、それを通過した多くの若者たちが、高等師範学校（エコール・ノルマル・シュペリエール）のアルチュセールやラカンのもとに集まってきた。両者は、世間的には、「構造主義」と呼ばれる一群の思想の代表ともいわれたひとたちである。一九六〇年代から二〇年にわたってフランスの思潮を支配していたのは、構造主義であった。その点で、まず、ドゥルーズと構造主義の関係を、ここで明らかにしておいた方がよいと思われる。

周知のように、ドゥルーズの思想は、「ポスト構造主義」といわれることがある。それがどのような意味かということは、気になるところであろう。ポストというのは「後」とか「脱」という意味であるが、たとえば「ポストモダン」が実質的な内容をもった文化的運動であるように、現代フランス思想に内在する思想的運動があるということではない。ドゥルーズ自身が、そうした呼称を受け容れているわけではない。
「ポスト構造主義」とは、英米系の思想史家が一九八〇年代初頭に、現代フランス思想を紹介しようとした際の分類によるといわれる。デリダやフーコーをはじめとする現代フランス思想が、あいついでアメリカ思想界に導入された時期があるが、そのなかで、ドゥルーズほかの一群のひとびとが、構造主義には位置づけられ得ないということで、「ポスト」という接頭辞が付加されたわけである。構造主義者のなかにドゥルーズを数えないのは正当であると思われるが、かれが構造主義の影響を受けていないということではない。

構造主義の口火を切ったのは、コレージュ・ド・フランスに新設された文化人類学講座の教授、クロード・レヴィ＝ストロースの『構造人類学』（みすず書房）であり、流行の発端になったのは、同じ著者が一九六二年に書いた『野生の思考』（みすず書房）であった。レヴィ＝ストロースは、各文化にはそれぞれに価値があるという文化主義の立場を越えて、むしろ未開（野生）社会の知恵こそ包括的な人類の知恵を保存しているのであり、西欧の文化（文明）はその一端にすぎないというところまで主張したひとである。

若きレヴィ＝ストロース

その際、分析に使用した方法がソシュールの構造言語学であったところから、構造主義というものがひとつの思潮として世間に認められるようになった。ここで構造主義とは何かという説明を与えるだけの紙幅はないが、すぐあとでドゥルーズによる構造主義の解説の要旨を述べるので、構造主義のイメージについてはそれを参考にしていただきたい。

ただし、構造主義を説明しようとすることが、それだけですでにひとつの立場なのだということだけは指摘しておきたい。問題が、一九六〇年代に流行になった思潮としての構造主義であるとき、それを、たとえばデュメジルのような神話学者を代表とする、ソシュール言語学の隣接領域への応用のことであると説明したり、また数学の構造概念と結びつけようとしたピアジェなどのように、すでに諸科学の特定領域で確立された証明済の一方法論であるかのように説明するのは、ふさわしいことではないであろう。

ここで必要なことは、レヴィ゠ストロースに見いだされるような、学問的探究の精神の共通性によってこの時期の代表的な思想家を括っておくことである。すなわち、レヴィ゠ストロース、ロラン・バルト、ラカン、フーコーといったひとたちのことである。これにアルチュセールを加えても差し支えないと思うが、かれらに共通している精神とは、近代西欧における理性的主体としての人間を、単純に理論的前提とすることはもはやできないと考え、それが説明されなければならないものとしたときに現われてくるさまざまな主題を、言語現象への考察を巡って展開しようとするものである。

かれらの精神の共通性には、学問的方法の類似性という側面よりも、少なくとも同時代の空気を呼吸して、同じ問を問うているといった側面が強い。そして、そうした面では、ドゥルーズ哲学との親近性も見いだされ得る。ドゥルーズが構造主義に属さないとすれば、それはまず、かれだけが、かれらのように文化人類学・文芸批評・精神分析・科学思想史といった特定の専門領域に属さずに、哲学者という立場をとり続けているということがある。けれどもまた、かれの哲学の固有性や独自性が、かれら共通の精神からは、どうしてもはみだしてしまうものをもっているからかもしれない。

ドゥルーズによる構造主義の解説

ドゥルーズは、自身のことを構造主義者とは考えていないが、構造主義を批判しているわけでもない。一九六七年のドゥルーズは、構造主義におおむね好意的といえる評価を与えている（「構造主義はなぜそう呼ばれるか?」『シャトレ哲学史Ⅷ　二十世紀の哲学』白水社）。ドゥルーズによると、捉えどころない構造主義ではあるが、つぎのようないくつかの基準を適用することができるという。

構造主義においては、第一に、想像や現実と区別される象徴的なものの次元が設定され、その次元に属する若干の要素が問題にされる。その際、特定の要素自体に意味があるのではなくて、ほかのさまざまな要素との関係として織りなされた象徴空間でのその要素の位置が問題になる。この象徴空間が「構造」と呼ばれるのであるが、それは、位置がまず関係によって規定され、関係が示す位置の独特な点が要素として現われてくるような空間である。「意味」は位置の組合せによって生みだされるのであって、したがって、意味を作りだす存在としての人間の地位は廃棄されることになる。

第二に、構造は、現実において意識される諸要素からなるものでもないし、不変のものを求めて想像されたモデルでもない。構造は、現実的諸要素へと現われるが、現実の諸要素を集めた全体のことではなく、無意識的なものである。「無意識的なもの」とは、想像の領域に属するようなものでないのはもちろん、現実に反映される絶対的なものの純粋な全体や、歴史的に現実化してくるものとしての究極的なものの潜在的な全体でもない。それは、現実の領域も想像の領域も含めて、それらをも規定しているもののことなのである。

「無意識的なもの」はまた、自らを差異化するものであると、ドゥルーズはそれに付け加える。「差異化」とは、現実の諸要素と想像の諸要素を、いくつかの系列のもとでつぎつぎと生みだしていく作用である。現実と想像の区分自体もその系列によってまず成立しているのであるから、構造なるものが見いだされるのは、逆に、それらの系列のさまざまな対応関係によってなのである。

第三に、構造主義とは、諸系列を辿っていくことによって、系列自身を成立させるような対象Xを求めようとすることであるという。対象Xは空白の場所であり、要素が存在しないことが何らかの要素があることとは対立するというかぎりにおいて、他の諸要素を出現させる原点（基準点）としての零度であるといわれる。

以上からすると、構造主義においてひとが思考するものは、もはや人間を巡る諸問題ではない。思考とは、人間主体（自己意識）という概念は、現実的ないし想像的な特定の要素以上のものではない。思考とは、人間精神の能力というよりも、ただ象徴空間における空白の零度が、どのように構造を形成する諸要素と対立しているかを追いかけていくことにほかならないのである。理論と実践は、認識したものを通じて行為するような人間主体を中心としたときにこそ分離することができるが、ドゥルーズは、人間を限定する以前のこの追究においては、哲学は理論的であると同時に実践的なものであらざるを得ないであろうと述べるのである。

このようなドゥルーズ流の解説を振り返ってみると、第一の説明までは、構造主義の一般的説明として成立すると思われるが、第二の説明よりあとについては、すでに、いわゆる構造主義者たちの具体的思考に関する解釈が含まれている。ドゥルーズ自身が現代フランス思想におけるベルクソニズム（ベルクソン主義）の復権という位置づけをされることがあるが、第二の説明において、ドゥルーズは、構造主義をベルクソニズムの新解釈のようなものに変え、第三の説明において、学問的探究のあり方として実践の問題を引出してくるのである。

そのような「実践」とはどのようなことであるかについては、第III章で説明するが、『フーコー』という書物において明確に論じてあるので、そちらも参照してもらいたい。生前から、フーコーとドゥルーズは、かれらの思想の親和性を相互に意識しあっていた。フーコーが一九八四年に世を去って、二年後に出版されたその書物において、フーコーが一体何をしていたことになるのか、ドゥルーズは追悼の意を込めて、かれの立場から明らかにしようとしている。そのなかに、実践ということばの具体的意味を見いだすことができよう。

『ミル・プラトー』　ドゥルーズが、かれ自身の思索においても、「実践」というその方向性を追求していったということは確かである。そのことは、まさに『アンチ・エディプス』に、またその続編である『ミル・プラトー（邦訳名は「千のプラトー」）』に窺《うかが》われる。『アンチ・エディプス』は、正式には『資本主義と精神分裂症』という名前の二巻本の書物のうちの第一巻であったが、予告されていたように、その第二巻は、八年もの期間が費やされ、『ミル・プラトー』という副題をつけられて、一九八〇年に出版された。

『ミル・プラトー』という標題についてであるが、「ミル」というのは、「数知れぬ（千の）」という意味であり、「プラトー」とは「高原」という意味である。「高原」では分かりにくいが、「プラトー」ということばは、ベイトソンの用語法から採用されたということである。すなわちそれは、クロソウスキーのいう「持続する高水準の状態」とでもいうようなものであると説明されている。

性交渉におけるオルガスムスのように、上昇しては下降するといった山なりの変化ではない。オルガスムスは、真の欲望には由来しない。真の欲望は、『マゾッホとサド』のなかで倒錯に関して精緻に分析されていたように、多数性・多様性をもった特殊な強度の状態が高原状に維持されることだという。

この『ミル・プラトー』という書物は、まずは『アンチ・エディプス』へのさまざまな疑問への解答であり、その補遺であると考えてよいであろう。『ミル・プラトー』は、一五の連続性のない章に分けて書かれてあって、いわば、哲学短編集といった趣《おもむき》である。どこから読んでもよいとされているが、第一五章は結論部であって、そこだけは最後に読むように指示が与えられている。なお、第一章は「リゾーム」と題されて、先立って一九七六年に出版されていたものの再収録である。リゾームは「根茎」と訳されることもあるが、ツリー（樹木）に対立する概念である。ツリー状の体系が根幹から出発して枝葉末節まで進んでいけば全体像を捉えることができるとするのに対し、リゾームは、相互に絡み合っていながらも、ある種の秩序を生じさせるような関係や系統を示す。

それが従来のデカルト的諸科学の理念に、決定的に対立するものであるということを、決して強調してしすぎるということはないであろう。つまり、それぞれの領域が、対象を数学的モデルに還元することによって生じるのではないし、それら諸領域が統合されて樹木状ないしピラミッド状に体系化されることが前提されているわけでもない。それでいて、明晰さという点において、不足することがないということでなければならないのである。

その観点から世界を捉えなおすべきなのであるし、『ミル・プラトー』という書物もまた、そのような読み方を要求するのである。その諸プラトーは、従来の分析的見方では看て取れなかった現象を見いだす、種子とか視点といったものと解することができる。『ミル・プラトー』は、新しい実践による表現であると同時に、新しい学問的領域の素描であるといってもいいであろう。

ヌーボー・フィロゾーフについて　ところで、『ミル・プラトー』の出版から少しさかのぼるが、『アンチ・エディプス』に遅れて、あるいはその成功に影響されて、もっと若い世代による過激な書物が多く書かれるようになった。『アンチ・エディプス』だけが、世間に、五月革命の帰結として受け入れられたわけではなかったのである。

一九七〇年代後半につぎつぎと出現した、あらゆる哲学的伝統を批判しようとする野心的なその著者たちをまとめて、マスコミは、「ヌーボー・フィロゾーフ（新哲学者）」と呼んだ。たとえば、『思想の首領たち』（中央公論社）のグリュックスマンとか、『人間の顔をした野蛮』（早川書房）のレヴィといったひとたちである。

アルチュセールやラカンに影響を受けた若いひとびとは、五月革命のさなかには、毛沢東の思想に興味を引かれていた。中国では毛沢東によって「文化大革命」が進められていて、当時はその運動がかれらの希望となって見えたのであるが、現代では、それは単なる政治闘争の反映であって、社会を混乱に陥れた恐怖の時代であったと知られている。

五月革命の直後に、左翼系知識人の雑誌『レ・タン・モデルヌ』は、「これで西欧においても共産主義革命が起こり得ることが分かった」と述べたのであるが、それから十年たって、実際に五月革命を生きたひとびとは、もはやそうは考えなくなっていた。中国の場合を含めて、共産主義社会に徹底的な幻滅を感じたかれらは、一切がファシズムに還元されるものに見えるようになっていた。かれらがあらゆる哲学を大時代的な権威として批判しようとする書物を出版しはじめ、一九七七年頃に盛んにマスコミで取上げられたとき、しかしながら、ドゥルーズは、かれらに対するはっきりとした拒否を表明した。

ドゥルーズによると、ヌーボー・フィロゾーフたちの哲学は内容が浅く、五月革命を売物にしているにすぎない。かれらの書物は、五月革命の皮相的で誤った受け取り方を示している。かれらは、五月革命を経験したものが教訓を垂れるという形式で、革命が一般に不可能であるという結論を、一種の後知恵によって主張しているだけである。そう、ドゥルーズは断罪したのである。

こうしたドゥルーズの反応は、すでに構造主義に関して述べたかれの実践の問題への取組からすれば、容易に想像できるものである。たとえば、フーコーならば、五月革命から知識人の無力とむしろ権力への荷担に気づく。学生が反抗したのはまず知識人、大学教授に対してだったのであり、五月革命が終息したのは、知識人たちの考えに反して、ひとびとが権力を望んでいたからである。それゆえ、知識人のなすべきことは、大衆をリードすることではもはやなく、もっと別の種類の戦いであるとフーコーは考える。それで、かれは「監獄情報サークル」の活動に赴《おもむ》いたのである。

ドゥルーズもこのサークルに参加していたが、かれ自身は、五月革命を「新しい闘争形態の登場を、新しい主体性の産出に結びつける」思想的動向の象徴的出来事であったと把握している（『フーコー』）。新しい主体性が、五月革命を通して、理性のであれ革命のであれ、古い形態の主体性の殻を脱ぎ捨てるようにして出現してきたとするのである。

資本主義のなかの哲学

ドゥルーズはさらに、ヌーボー・フィロゾーフたちの成功は、読者に迎合しながら、哲学にいわばマーケティングを導入した結果にすぎないと分析する。かれらは、インタビューや雑誌記事やTV出演によって自分を売りこんで、それに成功した。その成功の背景にあるものは、ジャーナリズムの商業化が進み、哲学に携わるひとびとをも商品に仕立てて利益をあげるというかたちで、資本主義が思想の支配を行うようになっているという事態である。

実際、ジャーナリストが、評判になった書物の著者をスタジオに招いて、一時間、討論する番組があったという。それが高い視聴率を取ったため、テレビに出演する哲学者がタレントのようになり、雑誌でも毎回取り上げられて、かえってそれによって思潮が左右される面すら生れてきたといわれている。さすがに哲学の国といってよいのか、わが国では考えられない番組ではある。

そのような事態に対し、ドゥルーズは、著者の機能よりも、哲学の創造的機能が重要であると述べる。だれが書いたかよりも、書かれている内容こそが問題のはずである。それゆえ、ここには書物という、哲学の表現形態を支えるものの危機があるのであって、その点では、『アンチ・エディプス』は大敗を喫したのだとまで語る。かれは、『アンチ・エディプス』が執筆された五月革命のあとの情熱的な探究の時代からすると、すでに七〇年代後半から、強烈な反動が生じているとみなすのであるが、一般にも、ヌーボー・フィロゾーフたちがマスコミでもてはやされたのは、かれらの反マルクス主義的傾向が政治的に利用されたからだといわれている。

こうした「哲学ブーム」というものは、実はわが国でも、同じ時期に一部現われたことがある。高校生が『エピステーメー』（朝日出版社）という、主に現代フランス思想を紹介していた、十分に難しい内容の雑誌をこわきに抱えて歩くというファッションが話題になっていた。そうした高校生たちは、いまどこで、何をしているのだろうか。

わが国の状況はともかく、実際にドゥルーズの心配は、近年、フランスにおいて、さらにより本物になっているのかもしれない。「哲学ブーム」は、思想の一種のインフレーションであった。それによって思想内容の平価が切り下げられてのち、一九八〇年代になるとブームも去り、ヌーボー・フィロゾーフたちは忘れ去られた。

そして、現代フランス思想のきらびやかな雰囲気は、いまや少しずつ色褪《あ》せていきつつあるようにも思われる。これまで話題を提供し続けたひとびと、サルトル、ラカン、フーコーといったひとたちがつぎつぎと世を去った。フランスからしばらくのあいだ伝来し続けた、きわめてラディカルな問いかけや話題の大著といったものを、最近は、もはや数えることができない。

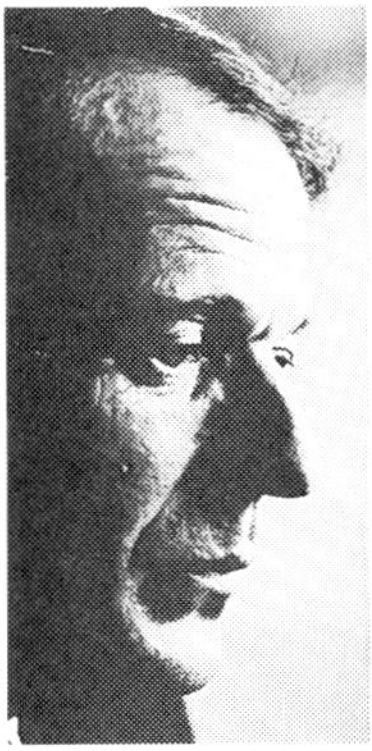

ドゥルーズ

その後のドゥルーズ

ドゥルーズ自身はどうなのか。巻末の文献目録を見てもらえば分かるように、画家のフランシス・ベーコン論（副題『感覚の論理学』）や映画論（『イマージュ＝運動』

『イマージュ＝時間』）といった美学的研究（八一年、八三年、八五年）が目立つ程度である。

これらの美学的研究は、ドゥルーズらしく独創的なものであるというもっぱらの噂である。とりわけ哲学者によってなされた、作品のスタイルや技法に関わる具体的な映画論、しかも映画なるものを全体的に捉えようとする映画論は、これまでほとんど類のないものであるだけに、映画に関心の深いひとびとには翻訳が待たれるところであろう。それはまた、映画評論の域にとどまらず、すぐれたベルクソン論として、あるいはパース論として読まれ得るものであるとのことである。なお、ガタリと共著でないのは、この分野に関しては全く意見が合わないからであると、ある箇所でガタリが説明している。

近年、ドゥルーズは、またガタリとの共著で、『哲学とは何か』という書物を出版した（一九九二年）。しかしそれは、内容的にいえば、従来からのかれらの思想を知っていれば、とくに目新しいものでもないようである。哲学がその基盤を見失い、商品化されていることに対抗して書かれた模様である。

なるほど、原典主義と称し、古い哲学者のテキストを原料とする産業となって学生を抑圧することは間違っている。だが、同様に、コマーシャリズムにあおられて、ひたすら権威を否定することによってヒーローになろうとする思考のたれ流しは、もっとよくない。では、哲学は、商品ではないとすれば、今日いかにしてあり得るのだろうか。ドゥルーズ＝ガタリの分析した、底無しに柔軟な資本主義の社会において、商品生産以外の道があり得るのだろうか。

それにしても、「哲学とは何か」といったタイトルの書物は、すでに仕事をおえた哲学者が書く類のものではないだろうかという懸念が生じないではない。かれ自身、「哲学者とは哲学者になろうとしているもののことだ」といっていた。そのような意味で、哲学が何かを説明するほどに哲学が分かってしまったひとは、もはや哲学者ではないといえば、ドゥルーズ・ファンに叱られるかもしれない。ドゥルーズ自身、「ひとはおそらく、人生の晩くに老いを迎え、具体的に語るべきときがやってきたときにのみ、はじめて『哲学とは何か』と問うことができるのだ」と、書いていたことがある。

ともあれ、今世紀の哲学的事件といってもいい現代フランス思想のなかで、『アンチ・エディプス』という稀有な書物によって一段と大きな輝きを放ったドゥルーズも、すでに老境にさしかかっていたようであった。そして、一九九五年十一月四日、呼吸器系の重い病もあって、かれはマンションの窓から飛び下りてみずから命を絶ってしまったのである。これが、世界全体を覆う哲学の平価切り下げの波によるものではないことを祈ることにしよう。

一八世紀のフランス啓蒙思想における百科全書派の活躍のあとでは、その影響のもと、イギリスにはアダム・スミスの近代経済学やダーウィンの進化論、ドイツではヘーゲル哲学やマルクス主義が生れてきた。同様にして、ドゥルーズとガタリの示した「プラトー」が種子となって、よその地域で新しい思想を生みだすに違いないと考えることもできるのではないか、というのがわたしのいまの印象である。

II 『アンチ・エディプス』の宇宙

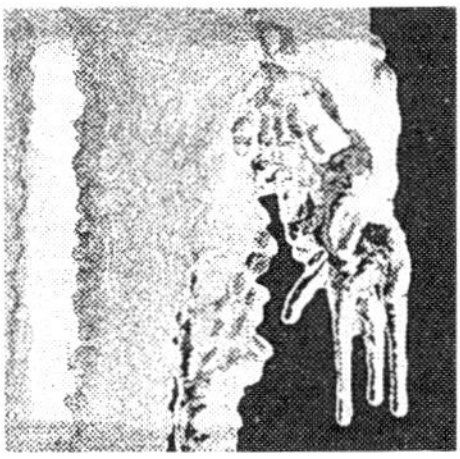

それでは、この章で、ここまで話題の中心となってきた『アンチ・エディプス』という書物の内容について解説することにしよう。

『アンチ・エディプス』に関して一章を設《もう》けたわけは、これまで述べてきたように、この書物が、ドゥルーズの思想に関心のあるひとにとって、中心的な書物であることは疑い得ないからである。しかしながら、もしドゥルーズ哲学の展開ということの方に関心が強ければ、思想の展開を順に解説した第III章からさきに読んでもらっても構わない。

さて、『アンチ・エディプス』についてまずいっておくべきことは、それが「アンチ」の書物であるということである。それは、「エディプス・コンプレックス」という精神分析学の概念を批判した書物である。といっても、フロイトが見いだしたことを全面的に否定しているのではなく、むしろフロイトの業績を評価しなおしているといってもいい。だが、とくにフロイト思想の説明がなされているわけではないので、読者は精神分析についてある程度知っていなければならない。さらに、主題に絡みあってくるマルクス主義と構造主義と現代生物学についても、ある程度知っていた方がよいであろう。

とはいえ、これからわたしは、『アンチ・エディプス』の紹介や要約というよりも、われわれの日常的な知識と『アンチ・エディプス』の内容とを繋ぐ思考のプロセスを示そうと思う。そういう意味で、思想家の名前やテキストからの引用を極力排除して、話の筋が通って見えることに留意した。わたしと同じように思考することができないにしても、そう思考することも不可能ではないと思えるならば、続けて読んでいってほしい。

一、欲望と知性

基本的概念

『アンチ・エディプス』は、四つの章から成り立っている。順に、「欲望する機械」「精神分析と家族主義、聖家族」「野生、野蛮、文明」「スキゾ分析への道」という標題になっている。

第一章は、導入であり、また宣言である。「欲望する機械」や「器官なき身体」など、本書中で使用される独特で基本的な概念に関して、概括的なことが一挙に述べられている。定義ということではなく、全体的な問題が一般的にすでに与えられてしまっている。それゆえ、この章が分かるようになれば、著作全体の動機が分かったようなものなのであるが、それだけに理解しがたいものとなっている。

第二章は、精神分析への批判が、家族主義批判として順序だてて論じてある。精神分析についての知識が十分あれば、そのユニークな解釈として比較的分かりやすく読める。精神分析を家庭環境における個人的生活の問題としてではなく、社会全体の問題として取り上げなおすべきだというのが、その主張の骨子である。

第三章は、前章の問題提起を受けて、精神分析の理論を社会のなかで捉えなおすということを実際に行ってみせようとする。なぜ精神分析が家族主義に陥ったのかについて、それを実現してきた歴史が語られるのである。そこでは、マルクスの歴史的五段階説に対して、野生・野蛮・文明という三つの歴史的段階が構想されている。最後の文明社会、すなわち資本主義段階が重要なわけであるが、これを理解するために、野生社会における文化人類学的な諸問題の考察と、野蛮社会についてのマルクスやニーチェの歴史観の検討がなされる。

そこで描きだされる歴史は、実際に生じてきた過程の説明というよりは、家族主義が発生した秩序を論理的に解明するものである。その秩序は、マルクス主義の弁証法的唯物論によってではなく、精神分析が発見した欲望とその抑圧の論理によって規定される。もっとも、ドゥルーズは、その論理をフロイト独自のものというよりは、ベルクソンやニーチェの思想のなかにも見いだされるものと考えているようである。

第四章は総括の章であり、ドゥルーズ＝ガタリが主張する唯物論的精神分析としての「スキゾ分析」がどのようなものか示される。社会的諸現象を、精神分析とは違ってどのように理解するかという方向性が与えられる。

さて、以上のすべてを通じて、「欲望する機械」と「器官なき身体」という概念が、本書を理解するために基本的なものとしてたえず現われてくるのであるが、常識からすると、これらふたつの概念はとても受け容れられないものであろう。欲望するのは生物であり、機械は生物ではないのだから、機械が欲望するはずはないし、どんな生物も何らかの身体をもっており、生物はいくつかの器官からなっているのだから、身体に器官がないはずはない。そういうふうに、だれしも考えるのではないだろうか。

だが、これらのパラドクシカルな概念につまづいていたのでは、内容を理解するどころではない。欲望・機械・器官・身体のそれぞれについて、それらが自己矛盾していないものとしてもう一度深く捉えなおしてみる必要がある。その結果、こうした奇妙な概念も理解できるものとなるかもしれないであろう。初心にかえって、欲望とは何かということから、順をおって考えていくことにしよう。

欲望の過程と知性

欲望という概念は、古代ギリシアの時代から、人間のこころの分類によく顔をだす。そもそも、こころをいくつかの部分に分けることができるのか、できるとしてそれらの部分の関係はどうなっているのかということは問題である。もし、欲望と知性という対立関係で人間のこころを捉えるとすれば、人間は統一された単純な個体ではなく、分裂した要素からなる複合的存在だと前提することになるであろう。

実際、日常の行動の経験を振り返ってみると、欲望という名のいくつかの句切《くぎり》が見いだされる。それは、始まりと終りとをもっている。たとえば空腹を感じてから食事をおえるまでや、異性を意識してから性交渉をおえるまでである。この過程の続くあいだは、知性が教える人生の重要事は、さておかれているといってもよいであろう。

もちろん、知性の介入によって、この過程が中断されたり、強制的に中止されたりはする。そのとき、その介入の効果によって、欲望の強さと、知性の提案を実行する意志の強さが測定される。すなわち、介入がはじまってから効果が生じるまでの期間の長さに応じて、欲望の強さと意志の強さが反比例して与えられる。その効果が遅れれば、それだけ欲望が強いか、あるいは意志が弱いかのいずれかである。欲望の強さがどの人間にも共通するとすれば、「美徳」としての意志の強さを判定することもできよう。

知性が欲望を肯定している場合には、欲望の過程がさらに延長されたり、もっと極端な状況にまで展開されたりするわけである。この場合も、意志の強さは測定され得るが、概して欲望と呼ばれる過程は、社会的に過度に実現されると問題を生じるとされる傾向があり、欲望に結びつけられるこうした意志は、「悪徳」とか「倒錯」と呼ばれがちである。それに対し、学問や芸術のような知性的な過程には、欲望は関わっていないとされるのが普通である。

ところで、欲望が、すべて追求されれば悪徳であって、どんなものでも決してはじまらないようにしなければならないとは、必ずしも考えられてはいない。代表的な欲望として、食欲や睡眠欲や性欲といった生物学的な欲望や、名誉欲や権力欲や所有欲といった社会学的な欲望があるが、前者は、それなしでは個体としても種（人類）としても存続できなくなるものであるし、後者は社会の安定と繁栄のためには、ある程度やむを得ないものとされることが多い。あくまでも欲望の過程が知性の適度な介入によって制御されることが望ましいのである。

他方、知性が独自にはじめようとするものは、最初に設定される目的の手段であり、過程と呼ぶよりは、継続であり集積である。もし知性が原理をもって欲望への介入の指針をもち、欲望には関わらない目的を立ててその手段を実行していくならば、そのようなひとは理性的であるといわれる。そうした場合には、知性は首尾一貫しているといえようが、人生のすべての局面において理性的であるのは、きわめて困難であろう。

要するに、われわれの経験は基本的に分裂的なものであり、欲望という過程のたえざる開始と、知性による介入の繰り返しなのである。そのとき、一般に、知性が状況に応じて条件や方針をそのつど変更するのに対し、首尾一貫して過程を押し進めようとしているのは欲望の方なのだということを間違えないようにしておこう。

フロイトの性欲論

では、たえず阻止され変形されようとする欲望のこうした過程は、なぜ何度でも繰り返しはじまろうとするのか。なぜ、中断してしまったものがふたたび復活し、開始されることができるのであろうか。

概して、あたかも他人の知性的行動と同じように、欲望についてもその目的を推定することができると考えられてきた。たとえば食欲や睡眠欲は、生物としての個体が自己を存続させるという目的に適っている。生物であるということはそのようなことであり、これは本能として自然によって定められているのであるというい方がされる。としても、自然が理性をもってその過程を支配し

フロイト

ているとでも考えるべきなのであろうか。そのようないい方は、事態を曖昧にする。

もし、欲望に個体保存や種族繁栄といった知性に理解することのできる目的が存在するとすれば、性欲も生殖という、その目的の手段として生じることになる。フロイトは、それでは性欲という現象の複雑さが理解できなくなってしまうと考えた。生物学的にいえば性欲のない個人はあり得ないはずであるのに、性欲だけが中断したり停止したりすることができる。その結果、社会学的欲望と同じように、個人の美徳を評価する際に相関的に見いだされ、個人差があるかのように理解されたりする。性欲は、生物学的な基礎をもちながら、同時に社会学的な現象を示すのである。

フロイトは、よくいわれるように、人間行動のすべてを性欲に還元できると考えたのではなかった。具体的な性交渉を目指す「性器的な」欲望に対し、性欲に顕著に現われるような一切の欲望に共通するものがあって、それを「性的な」欲望と呼んだのである。かれによると、食欲や睡眠欲はもとより、社会学的欲望もその変形にすぎないような根源的欲望が存在する。欲望は人間経験に現われたり消えたりしているのではなく、性欲（性器的欲望）に代表されるような過程がさまざまな形態をとって人間生活のすべてを貫いているのである。フロイトはこう考えて、欲望を、一般に目的手段の連関に依存しない、それ自体で独自の首尾一貫した過程として捉えなおそうとしたのである。

無意識的な性的欲望は、知性による意識的な行動よりも普遍的であり、たえず開始される生命の永遠のサイクルである。「無意識」ということがいわれるのは、意識されたものが欲望としては必然的に変形されてしまっており、欲望の正確な表現ではあり得ないからである。つまり、意識が欲望のありのままの姿を捉え得ないからである。そして、性欲（性器的欲望）の過程が中断や停止を簡単に受け入れるということは、その過程が消え去ってしまうのではなくて、変形されて別の行動として現われるということなのである。その、欲望を変形する機能としてこそ「自我」が見いだされるし、知性（意識）もまた欲望の過程を変形しようとする「欲望」として捉えなおされるであろう。

フロイトは欲望を一元論化し、そのエネルギーをリビドーと名づけた。そして、かれは人間のこころを、リビドーの流体力学に従って組立てられた機械であると考えて、そのメカニズムを探究したのである。あとでもう一度ふれるが、このように欲望が機械仕掛であるということは、フロイトの思想に由来することなのである。

エディプス・コンプレックスの意義

では、そこで、逆に問題になるのであるが、性欲（性器的欲望）の過程がはじまったりおわったりする条件を決定しているものは何であろうか。なぜそれは、生物学的以外の条件において追求されたり停止されたりするのか。また、性欲は、なぜそれ以外の行動とはっきりと区別され、私的なもの、秘密のものとされ、社会生活から分離されているのか。

それに対するフロイトの解答が、あの有名な「エディプス・コンプレックス」である。人類の歴史に普遍的なことは、幼児が父を殺して母と寝たいという願望をもつということであるという。幼児は、しかしながら、父親が自分を去勢するという幻想によってこの願望を断念する。その際に、たんなる調整機関にすぎない「自我」の上級審として「超自我」が形成され、幼児はそれ以降、「社会的人間関係において自分を性欲として意識しない」というような欲望をもつことになるというわけである。

ドゥルーズ＝ガタリは、このエディプス・コンプレックスを批判するのであるが、その実証性について批判しているのではない。フロイトが、治療と称して人間に関わるやり方を批判するのであると称する。精神分析は患者に対して、エディプス・コンプレックスを意識化させることによって治療する。すなわち、患者が混乱に陥っている社会的人間関係が、実は患者における父親と母親に対する関係の結果であると説得する。それに対し、ドゥルーズ＝ガタリは、むしろ逆に、父親と母親に対する関係の方が、社会的人間関係のヴァリエーションなのではないのか、せいぜいそれを象徴しているだけではないかと問い質《ただ》す。

フロイトは、エディプス・コンプレックスが人間の本質を表現していると前提する。精神分析だけが、この本質を知ることができるというわけである。それゆえ、かれは、どのようにしてエディプス・コンプレックスが歴史を作ったのか、つまりどのようにしてエディプス・コンプレックスがどの時代にも幼児において現われてきて、各時代の人間性を形成するように働くかというふうに問題にした。

それに対し、ドゥルーズ＝ガタリは、フロイトがそのように、エディプス・コンプレックスによって精神分析を絶対化しようとしたことを批判する。なるほど、エディプス・コンプレックスをもち得るのは人類だけであるし、それが歴史上現われてきたという点では、なにがしかの普遍性をもっているといってもよい。しかし、それは超歴史的な現象ではないと、ドゥルーズ＝ガタリは考える。性的欲望の過程は、どの時代のどの社会でも、父と母と子の三角関係によって規定されてきたわけではない。真の問題は、なぜエディプス・コンプレックスが歴史のなかに生じてきて、性的欲望の過程を今日のように規定するに至ったのかということなのである。

ドゥルーズ＝ガタリによると、性的欲望の過程がどのようなものであるべきかを規定するのは社会体制であり、性欲（性器的欲望）を社会的に分離したのは、とりわけ資本主義体制である。性的欲望の意味が異性との結合にだけあるのではないということを指摘したのはフロイトであるのに、フロイトは、最終的には、異性愛の家族的道徳的形態を強制するブルジョワ・イデオロギーのなかに入りこんでしまったと、ドゥルーズ＝ガタリは批判する。結局、フロイトは、欲望についての伝統的観念から決定的には離れられなかったのである。

欠如からくる欲望と自己生産する欲望

プラトンの『饗宴』以来、伝統的に、欲望には相対立する二つの観点が認められてきた。欲望の第一の観点は、自分に欠如しているものを獲得しようとするという観点である。欲望は、自然のなかで真に必要なものを受け取ることと考えられたり、他人のなかに自分にないものを見いだして妬《ねた》むことであると考えられたりする。それに対して、欲望の第二の観点は、無限にみずからを生みだしていくという観点である。欲望は、創造的にどこまでも主題を追いかけていくことであると考えられたり、底無し沼のように人間を囚えてもがき苦しませることと考えられたりするのである。

フロイトは、リビドーという概念において、まずは欲望の第二の観点を強調した。リビドーは「快感原則」に従ってどこまでも流れようとするものであり、特定の対象に出会って消えてしまったりはしない。それは、「現実原則」によって調整されるだけである。ところが、かれは、人間の欲望は、必然的に、父を殺し母と寝ようとする「エディプス願望」を抱くとする。それは、幻想のなかで、『オイディプス王悲劇』(岩波文庫ほか)という古代の演劇を再演(表象)したいとする欲望である。そのような欲望は第一の観点の欲望であって、ほかのすべての欲望を抑えこんでしまうとされるのである。

第一の観点における欲望は、欠如を満たそうとするものなのであるから、自分に欠如しているものが何であるかを知っているということでなければならない。だが、それを満たす手段を与えるのは、定義からして知性であると考えざるを得ない。したがって、その場合の欲望とは、想像を通じて知性に目的を与えるような作用のことである。知性の考案する手段によってこの目的が実現され、想像していたものが実現されれば、欲望は消滅するとされるのである。

しかしながら、想像されるものには、それについて想像するところの原型が存在するはずである。その原型は、過去に知性によって把握された記憶か、記憶が合成されたものであるに違いない。とすれば、そのような場合に「欲望」ということばで示されていることは、知性がたてる目的が恣意的だということであり、欲望とは、知性と記憶の関わりの偶然性、すなわち、ひとつはつねに思い通りのことを思い出せるわけではないし、思いもよらぬことを思い出してしまうというくらいの意味になってしまう。他方、もし想像の原型が単なる過去の記憶などではなく、あくまでも独自の対象であるとすれば、そこには思い起こされるだけの必然性があるということになるが、そのような原型とは、経験を超えたもの、すなわち観念（イデア）のことである。

ドゥルーズ＝ガタリは、それゆえ、欲望の第一の観点は観念論的であると指摘する。そのような欲望は、すでに超経験的な秩序を捉える理性が想定されたうえで、それが欲望の過程に介入していると考えるかぎりで成り立つにすぎない。理性に基づく目的は、欲望と呼ばれるまでもなく、知性によって追究されるべきものである。理性による批准が得られない目的だけが欲望と呼ばれて、人間の錯誤行為や悪行が、この欲望を抑えることのできなかった知性の弱さに帰されることになるのである。

だが、欲望は必ず知を媒介しなければならないのだろうか。ここで、理性とは習俗的道徳的判断以上のものであるかどうかという大問題はさておくにしても、そもそも欲望と知性の境界は鏡面ではないし、両者がそこで対称的なあり方をしているはずがないということはいっておけるであろう。精神分析が教えるところによると、知性は本質的に欲望を知らないのだし、欲望には、自分の正確な表現になってみせる理由はないのだから、欲望についての説明は、原理的に欲望を抑圧するかぎりにおいて現われるものの説明でしかない。第一の観点における「欠如からくる欲望」は、最初から知性に指導されるべく前提されている何ものかにすぎないのであり、それは知性から見た欲望の姿、知性の余白、ある意味で知性の鏡像にすぎないのである。

ひとは、えてして首尾一貫したものとしての知性をとるか、それを否定して欲望をとるかというように問題にする。だが、たとえ快楽主義のように欲望をとると主張する立場にしても、それは知性によってなされるのである。重要なのはわれわれの現実経験であり、欲望の本質である。たとえば愛において「欠如」しているもの（目指されているもの）があるとすれば、それは何であろうか。性交であろうか、相手の人格であろうか、結婚であろうか、赤ん坊であろうか。

D・H・ロレンスやヘンリー・ミラーなど、多くの文学者が語る愛の過程は、まったくそのようなものではない。それは、瞬間瞬間のそれぞれが、他のいずれの瞬間よりも決定的な重みを持ちつつ、絶えざる停止の可能性や意外な事態の到来のなかで展開されていく過程である。そのような欲望の過程においては、ひとは特定の瞬間に、自分のおかれている社会的現実的条件をすっかり度外視してしまう。それは、そのひとが永遠なものを一挙に直観することができたからであろうか。大抵の場合、知性が、あとになってから、その瞬間は決して永遠ではなかったと証明してくれることになるが、それというのも、それは知性が必然的に取り逃してしまう類《たぐい》のものだからである。ドゥルーズ＝ガタリは、むしろ、そのような直観こそ、原型なしに自由奔放に想像を産みだす欲望の真の現われであると考える。

人間経験の本質的契機に、知性が明晰にすることのできるものを超えた無意識的なものがある。そのようなものこそ、第二の観点における「自己生産する欲望」である。欲望を、知性とは本質的に関係のないものとして理解すること、人間経験のなかで、中断されてもたえずおのずからはじまり続けてやまない「過程」として理解すること、そして知性をもその特殊なあり方として理解することが必要なのである。

二、欲望する機械

人間機械論と唯物論的精神分析　ドゥルーズ＝ガタリは、人間経験の中心から理性を取り外して、そこに欲望を置いた。そこでさらに、フロイトが仄《ほのめ》かしたように、欲望が機械仕掛であるということの意味について考えてみることにしよう。

というのも、もしその機械が通常の機械のように、基本的に人間の操作に従うものであって、欲望が人間存在の余白にしか見いだされないものであるならば、「欲望する機械」の概念は、それほど深刻な動揺を与えるものではない。しかし、欲望が人間存在の根本に関わるものであることを一旦認めるや、人間とは何か、文化とは何かという重大な問題が巻きこまれてくることになるのである。

歴史をひもとくと、すでに一八世紀頃から、ヴォルテールのように、人間も物質であって物質が思考するのであるとか、ラ・メトリのように、人間は本性においてぜんまいやてこでできた機械であるとかいう、「人間機械論」の主張が現われはじめていた。人間を相互に外在的な諸要素（物質）の規則的な組合せ（機械）として、一元的に理解することができるという思考が、近代科学とともに現われてきたのである。

現代では、それは、とりわけ大脳を研究することによって、人間の精神活動を解明することができるという主張に姿を変えている。科学的認識を推進していけば、その認識活動自体も含めて、人間そのものを認識の対象とすることができるはずだというわけである。

　こうした主張に対する反論は、これまでも、観念論や生気論や実存主義などの立場から、数多く

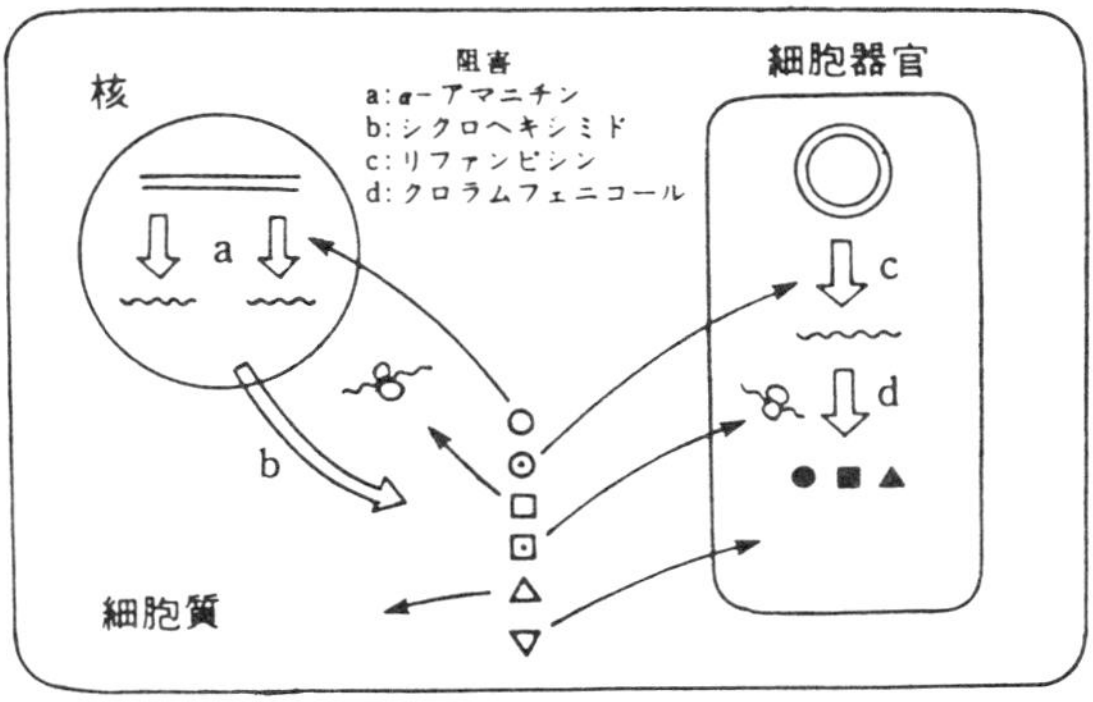

細胞におけるタンパク質の合成と輸送

提出されてきた。それらの反論においては、機械とは、あくまでも人間の道具にすぎず、人間に属する知性や記号や労働や決意が自然へと展開されたものにほかならないと説明される。人間の精神活動や自然の生命活動の方が、原理的に機械に先んじているというのである。

　だが、いずれの側にせよ、それらの主張は、人間が機械であるというときの「機械」を、技術的に製作された機械のことと想定している。それにしても、現代の生物学や進化論の知見を考慮に入れるならば、機械のイメージは随分変化したものである。細胞とは、工場であるという。細胞が分裂して一個の有機体になるまでの過程や、生物の種の進化の過程に関して考察される物質的基礎について考えてみると、物質や機械を、精神や生命や意識という概念の単なる対立物のままにはしておけないようにも思われる。

　それゆえ、人間を物質に還元して捉えなおそうとする素朴な主張とし

てではなく、物質を含めて、精神や生命や意識という諸概念を再検討し、統一的に諸現象を理解させる基本的な概念を見いだすべきであると考える哲学者も現われてきた。フロイトのリビドー機械論も、そうした文脈のなかで捉えなおすべきであろう。

ところで、フロイトが見いだした「性的なもの」はまた、種を分かつ生物学的原理でもあることを忘れてはならない。「種」とは曖昧な概念なのであるが、子孫を作り得る可能性があるかないかによって、その境界線が画定され得るような諸生物の分類である。そのとき「性」は、生命の自己増殖（自己生産）の可能性として定義され得る。分子レベルにおけるDNAの塩基配列からはじまって、細胞の分裂と結合、諸器官の形成と機能、有機体の環境との関係、種の分布と繁殖にまでいたるすべての水準における「自己生産」の可能性である。異性との結合は、そのなかで出現する統計的な現象にすぎず、諸個人の経験にとって重要なのも、性交渉の具体的可能性ではなくて、自分を類的な経験（人類や社会の一員としての経験）へと接合する意味での「性的なもの」なのである。

ドゥルーズ＝ガタリは、生物のそうしたすべての水準を、集積度の異なった機械の複合体（コンプレックス）として捉えられると考えた。性的エネルギーによって駆動される「欲望する機械」は、一方では細胞として結びついて諸器官を形成し、それぞれが環境の諸対象と繋りつつ、相互に関わりあって身体や種（人類）を構成する。他方では、それが群衆（群集）として構成される段階で社会機構（社会的機械）を構築して、各器官の配列や人格（個体）の展開を、いいかえると、人間が何を経験してどのように生活するかということを規定すると考えられるのである。

これらの二つの系列は、従来、前者が自然に属するもの、後者が文化に属するものとして、別々に考察されてきたものである。もし、この二系列が、生物的身体と人間的個体とを共通項として交叉していると考えるならば、この二系列は、同じ質の現象としては理解しがたい。人間は徹底して自然的存在でしかなくて文化は幻想であるのか、あるいは文化的なものは自然とは関係ないかのいずれかである。しかしながら、もし器官という水準で重ね合わせておいて、機械という観点で交錯しているものとして捉えなおしてみると、細胞という工場から社会機構という巨大機械までの、自然でも文化でもないひとつの系列を見いだすことができるのではないだろうか。

ドゥルーズ＝ガタリは、このような方向で自然と文化の二元論を乗り超え、みずからの立場を「唯物論的精神分析」と称するのである。唯物論的というのは、世界が物質から成り立つというより、この場合、観念論的ではなくて、一元論的であり機械論的であるというくらいの意味である。かれらは、実在するすべてを欲望という観点から捉え、「欲望は機械である」と断言する。欲望を最も抽象的に捉えれば、それはリビドー・エネルギーによって作動する流体力学的機械装置なのである。

生命的器官機械

ところで、唯物論が、世界は物質から成り立っていると主張するとき、その物質なるものを、われわれは直接経験するわけではない。経験されるものは対象の性質や見かけだけであって、ひとは経験のなかに微かに現われる物質的なものの徴候から純粋な物質なるものを推定し、逆にそれの多様な変容として世界の経験を理解している。

同様に、ドゥルーズ＝ガタリの「欲望する機械」についても、その直接的経験があるわけではない。それは、アントナン・アルトーやシュレーバー控訴院長など精神分裂症の患者の証言、あるいは幼児の行動の観察から、かれらによって生きられているものとして推論されるにすぎない。

実際、器官が機械であるというのは、精神分析の理論家の幼児の経験に関する理論のなかに、すでに素描されていることである。メラニー・クラインは、幼児の経験において「部分対象」という概念を提出した。幼児は、対象の全体性を一挙に捉えるのではなく、「全体性なき部分」として、さまざまなものを経験しているだけだという。たとえば、乳房は、母の身体という全体に属するものとしてではなく、独立した乳房や乳の流れというように捉えられている。手や口や、そうした諸器官が、それらにくっついたり離れたりしているだけなのである。

このようなことは、ラカンも「断片的身体」という概念で前提している。人間経験は、最初から統合された身体のなかで意識をもつようになるのではなくて、各器官がせめぎあい、それ以外の諸対象と区別がつかないようにして繋りあっているだけだということである。

ドゥルーズ＝ガタリは、クラインが、その「部分対象」をただちに想像のなかでの父親や母親の像の全体性に結びつけようとする点を批判する。全体性は、想像においてであれ、部分対象とは関係ない。多様な器官が同時にそれぞれ機能しているのであって、乳の流れや乳房と幼児の諸器官のうち、いずれが幼児に属するかとか、それがどこに由来するかとかいうような主題は、幼児にはまったく存在していないというのである。

ドゥルーズ＝ガタリによると、無意識の幼児において、乳房から流れる乳の流れと幼児の口とが、それぞれ、「流れる機械」であり、それを「切る機械」である。機械とは、始原的にいって何かが流れるものであり、その流れを切るもののことである。部分対象と器官機械とを区別することも無意味であって、幼児には、そこで何が起こっているか、相手であるか自分であるかも知られないままに、ただそのさまざまな「強度」が経験されているにすぎない。強度とは、味覚や嗅覚において顕著なような、多様ではあるが分析できない直観的経験のことである。

技術的機械の社会的意味

こうしたことがらを含めて機械として理解しようとするとき、機械という概念の内容は修正されなければならなくなる。生物学的な機械論においてすら、機械という概念は、時計などのいわゆる技術的機械のことが念頭に置かれていた。ドゥルーズ＝ガタリは、機械論的立場をとろうとしながら、そのような技術的機械を、かえって特殊な例、むしろ真の機械の部品にすぎないものとみなそうとする。

一般に、機械論的というときには、人間が設計図によってその目的と作動と構成とを精密に思考したうえで製作する機械をモデルとして考えられている。生物や人間がその意味で機械であるとすれば、生物や人間の設計図を、神や自然が書いたものと考えざるを得ない。そうであるかもしれないにせよ、細胞や器官についての機械論的説明は、原理的な困難に遭遇する。すなわち、それらが生きているという要素（生命）は、どんな技術的機械にも解消できないからである。「生きている」ということを、機械のなかに含めて定義しなおさなければならない。

　機械の典型としてよく引合いにだされる古典的な時計は、ぜんまいのほどけようとする傾向性をエネルギーとして、これが解放されるのを遅らせるメカニズムに接続され、最終的に文字盤に針の位置を少しずつ与えるものである。だが、まったく使用者がいない時計が設計されることは、考えられないであろう。文字盤から針の位置を読み取る人間が存在しなければ、この機械は機能していることにはならない。それゆえ、複数の人間が時計と同期した時間についてのイメージをもっていなければならない。人間にそのイメージを与えるのは、幾何学的に等分された時間間隔を与える社会機構（社会的機械）である。

　時計が、一個の技術的機械として現象するのは、設計者や所有者にとってでしかない。社会的機械にまつわるさまざまな装置と人間の視覚が対応していないところでは、時計なる技術的機械は存在し得ない。人間が時計を見て合理的に時間配分を行うと考えられるかもしれないが、その合理性自体を構成しているもの（合理的だという意味）について考えるならば、まったく別の様相が見えてくる。すなわち、人間が時計を見るわけは、社会的機械が隠された理由、人間の側からすると無意識の理由によって、人間の視線の流れを、腕器官機械に取り付けられた時計の文字盤へと「接続」することによって、たとえば会話の流れを「切断」するからだというように理解することができる。正確な時刻に応じて行動を決定するのが「合理的である」とするにせよ、どの行動をとるかに応じて時刻を問題にする理由が生じるのであり、その行動に無意識的な動機が伴っていることを否定はできないであろう。

技術的機械が真の機械の部品にすぎないというのは、以上のような意味においてである。ほかのどんな技術的機械についても、それが作動する対象やその作動を可能にする社会的無意識的システムと切り離さずに考察するならば、そこに働く社会的機械の部品であるという様相が見えてくるはずである。

他方、社会機構（社会的機械）は、技術的機械と同じ仕組によるものではない。ドゥルーズ＝ガタリの考えている真の機械は、原因と結果が一義的に対応する部品が結合された古典力学的な系として、機械にとって外的な目的に従って組み立てられるようなものではない。それは、各部品が作動の多義的な繋りとして相互に影響を与えあう流体力学的な系として、組み合わさってくるにしたがって自発的な目的が外部に現われてくるようなあり方をしている。そのさまざまな水準で、欲望する（自己生産する）という共通の特徴をもちつつ、多様な現象を呈示するものとされるのである。

これまでは、自分自身に目的をもつということが、生命現象の、機械とは対立する本質的な特徴であるとされてきた。しかしながら、たったいま述べた「自発的目的性」なるものを、生命に固有なものとしてではなく、機械論的に理解しなければならない。それは、最初に与えられてすべてをその手段として定義するような目的でも、究極的ものの理念として存在していて、それにいたる各段階を規定するという目的でもない。それは、結果において目的があったと確認されるのであるが、そこに到達するまでは、それが何であるか分からないような目的である。それにもかかわらず、目的性が見いだされるということは、各段階で採用される技法の偶然性に対して、すでに成立したものを考慮に入れながら、その段階の本質が展開されるときに、必然的に不可能なものが消去されながら成立してくる形態に、普遍性が見いだされるということである。そのような様相は、なるほど生命において顕著であるが、社会体制に関しても、歴史のなかにあたりまえに見いだされるものなのである。

生命と物質

以上から、『アンチ・エディプス』においては、「欲望する機械」という名目で、因果性の働く機構として定義される従来の機械概念に対し、これをも包摂する生命的な機械が構想されているといえよう。機械という概念が、フロイトのリビドー機械を核にして、生命・欲望・愛・技術・社会のすべての領域を包括することができるように拡張されているのである。かくして「欲望する機械」は、物質でもあれば、生命でもあるような、経験の元素である。

ドゥルーズ＝ガタリが「欲望する機械」を基本的概念として人間経験を解明しようとするとき、かれらは人間機械論の立場にたっている。精神や生命や意識ではなく、機械を中心においたわけは、やはり経験が相互に外在的な諸要素から成り立ち、外的に規定された組合せに従うと考えるからである。もし物質という語で、単にわれわれの世界を構成している元素ということを意味させるのであるなら、「欲望する機械」とは物質のことである。そうであるにしても、原因と結果が一対一に対応する因果性に従っているのではなく、生命的および精神分析的論理に従っているから、機械は「欲望するもの」として定義されるのである。

生命とは、さまざまな欲望が相互に織りなしている秩序である。細胞・器官・生物は、他の細胞・器官・生物を環境として前提しながら、寄生や共生といった形態において、相互に欲望しながら生きている。そのとき、たとえば自動車を修理している人間は、かばの歯石をとっている小鳥と異なるといえるだろうか。山や星なども含めて、われわれはあらゆるものに生命としての生涯を見いだす。機械という概念が何ら生物と対立するものではないとしたら、技術的機械もまた欲望をもち、その生涯をもつと考えることができるのではないか。人間を欲望しながら生きているとはいえないだろうか。生命を物質と対立させるべきではなく、生物と非生物を区別すべきではないのである。

機械は、まずは生命的なものであり、欲望がすでにそう定義されていたように、自己生産するもののことである。自己生産とは、ひとつの作動を通じて別の機械が生産され、最初の機械が廃棄されたり別の機械の部品となったりするということである。欲望する機械は「調子が狂うことを通じてしか作動しない」といわれるが、それはこの自己生産の継起に由来する。

機械の調子狂いが、たんなる混沌への堕落ではなく、一定の有機的な系列をもって生じることは、その系列によって故障を診断する修理技術者ならばよく知っていることである。全体のシステムを設計する主体が存在しないのに、機械が集積複合されつつ、作動する目的と手段、運転と再生産がたえず交替され、交錯しつつ自己生産し続ける。その現象は、技術的機械を基準とすると、まさに「調子狂い」以外の何物でもない。

そのとき、技術的機械についてはその支配者と考えられていた「人間」は、もはや機械の欲望の享楽状態としてしか理解されないようになる（これは、ある意味で、マルクスが理想として描きだした人間の姿でもある）。まさしく人間は、社会機構（社会的機械）の部品にすぎないのであり、かれに属するとされてきた諸器官やかれが認識して働きかけるとされる諸対象も、実際は、かれには支配できない「欲望する諸機械」にほかならないのである。

それでは、欲望によって定義されたこの種の機械が、どのようにして集積複合されて社会機構となるのか、また社会機構となって人間を従属するものとして構成し、その人間の知性に捉えられるようにもなるのはなぜかということを、つぎに考えてみることにしよう。

三、器官なき身体

意識と社会的機械

これまで、ひとは社会というものを、複数の人間が共存して生活するために考案された仕組であると考えてきた。人間は、蜂や蟻のように、本能によって集団的組織を形成するわけではない。個人であるよりも集団である方が有利であるとの認識から、社会のあるべき姿を想定して制度が作られ、成員各自が意識してそれに従うことによって社会が形成されてきたに違いないというわけである。

しかしながら、もし社会制度が意識を通じて従われるものだとすれば、それはひとりひとりが自分の知性によって社会を主観的に捉えるということであろう。とすれば、社会機構は、どうして統一されたものであり得るだろうか。それぞれの立場から異なって見え、それに応じた行動によってたえず混乱するものではないだろうか。

この疑問は、社会とはどのようなものであるかについての認識が、各個人の意識によって自由に獲得できると前提するところに由来する。社会機構が意識によって支えられるものであるとしても、それは多様な個人の側から見て、自然と同じように、少なくとも蓋然的に同一のものと捉えられなければならない。実際、社会機構の同一性は、制度や法律によって強制されるばかりでなく、習俗や慣習によって、また経済的条件やイデオロギーによって、各個人がそれなしでは生活できないような境遇に絡めとられることによって成立していると考えられる。

しかし、社会機構は、自然とは異なって、時代とともに変化するということも忘れてはならない。しかもそれは、よりよい制度を目指す各人の知性的意識によって変化していくわけでもない。社会は、たとえば契約のような個人相互の関係に還元されるわけにはいかないところがあって、制度を変える手続きは、必ずしも諸個人の意見を公平に反映してとか、すべてのひとを幸福にする合理性によってとかはいえない、個人の理解を絶したプロセスに従っているようにも見えるのである。

その結果、社会の個々の仕組が、いつどのようにして何のために作られたのか分からなくなってしまい、社会制度が、あたかも自然法則と同じように、単に自分の生活を組立てる条件を反映しているものとしか見えなくなってしまうということも生じてくる。そのとき、意識は、ただその社会機構を押しつけられるだけであり、もっといえば、意識相互に社会機構に従うことを強制しあうための仕組にすぎないのかもしれないと思えてくる。

もし、そのようなあり方を意識の堕落としてではなく、意識の本性であると考えるならば、意識の意味も別のように捉えなおさなければならないであろう。人間の意識は、社会機構を制御したり改良したりするどころか、せいぜい社会機構の部品として働くにすぎないと考えなおしてはどうであろうか。意識とは、主体的に何かを把握するというよりも、むしろ、あたかも映画でも見ているように、社会機構によって配給されるものなのではないか。自然実在論的な意味で、因果性によって自動的に物質の状態が反映されるといっているのではなく、意識は、社会機構の「生産」するイメージを表象するものにすぎないのではないかということである。

ここで、「表象」とは、現実の知覚であるか想像や記憶であるかはともかく、意識に現われるイメージというくらいに考えておいてよい。『アンチ・エディプス』においては、理性が社会の客観的知覚を実現するのではなくて、欲望のメカニズムが各人に同一の表象を割り振るとされる。社会が構成され、各人の意識が同一の社会機構のなかに入ってくるとすれば、それは各人の理性による超主観的一貫性によるのではなく、欲望の匿名的一貫性による。諸個人の表象は、はじめから社会的なものとして、その社会機構が生産し分配するものとして成立するのである。

しかしながら、「欲望する機械」それ自身は、本性的に何も表象しないし、相互に無秩序である。それゆえ、『アンチ・エディプス』では、意識と社会のあり方を、精神分析の論理に従って、欲望する機械が集積され複合されて社会的機械となり、一方では社会に秩序が生みだされるとともに、他方では意識に表象されるものを生み出すというように説明することになるのである。

根源的抑圧

精神分析の理論においては、意識とは、注意する能力によって対象を選択するといった能動的な作用ではなく、現在的なものとして表象が与えられるという受動的な状態のことである。そして、われわれの現実は、想像や記憶を含めて「前意識的なもの」のことであるとされる。前意識の状態とは、対象を思い出そうとすれば思い出し得ること、対象の表象がい

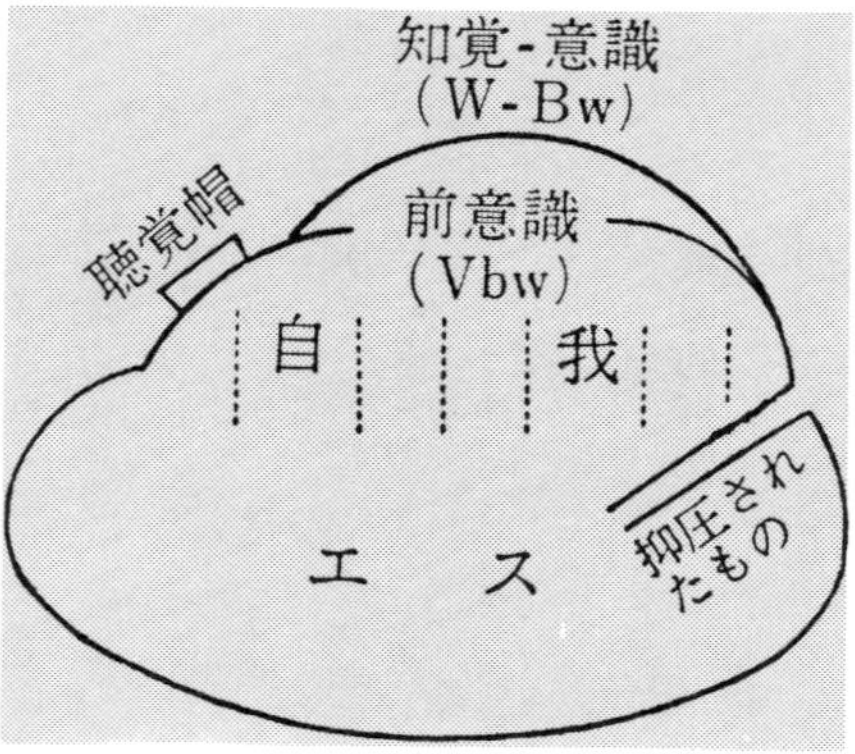

フロイトによる精神の概念図

つでも意識できるものとして準備されていることであり、それは欲望の抑制によるとされる。

前意識的であるとは、意識が対象を忘却しているのではない。厳密にいって、忘却されたものが思い出されるはずがなく、思いだす以上は忘却していなかったのである。前意識においては、欲望が、記憶しておくべきものとしてみずから対象を限定しておくのであって、その結果、欲望の過程が特定の対象を感覚諸器官の接続へと差向けるときに、対象の表象が意識されて対象が知覚されることになるのである。そのとき、限定されたその対象において、欲望が向かっていたところのものが表象であるということになる。

欲望がみずからを表現する理由はないということであったのに、なぜ表象というものが生じるのであろうか。表象一般は、欲望する機械が受け入れる抑圧の結果として生じると考えられる。「抑制」が意識と前意識の関係であるのに対し、「抑圧」は前意識を形成するような作用である。欲望は抑圧を被るが、抑えこまれて消滅してしまったりするものではないのだから、抑圧は、欲望を抑えこむと同時にその代わりのものを与える。そこから、抑圧の三つの契機が見いだされる。すなわち、「抑えこまれる欲望」

「抑えこむ欲望の作用」「抑えこまれた代わりに与えられる表象」である。

この最後の契機における「表象」であるが、欲望は消えてしまったりはしないのだから、抑圧とは、欲望を抑えこむと同時に、ある対象と接続するのを断念した代わりの対象を表象として与えることでもある。欲望にはそもそも姿などはないのだから、それが断念された欲望と同じ姿であるはずはない。表象とは、前二者の欲望の契機の差異によって、いわば自分に向きなおって器官の興奮の体制（前意識）となる欲望の変身した姿なのである。

では、そもそも欲望が抑圧されるということをどう理解すべきであろうか。欲望のサイクルとは、人間が生きているということ、生命であるということであった。生命は、定義からして死の反対物である。それ自身は、死ぬものではない。ところが、細胞や個体や種は死にいたる。ある意味で、細胞は個体の形成・成長・保存のために死ぬのであり、個体は種の存続のために死ぬのである。その結果として、種の本質を担う胚種は細胞から細胞へ、生殖細胞を伝って個体から個体へと移転しながら、また進化を通じて種から種へと生成しながら、永遠の生命であり続ける。

人間とは、その意味で「胚種」であるということもできるが、それは人間経験が無限の欲望のサイクルにあるという意味になる。自分が胚種であるという経験があるとすれば、それは無限の時間を感じとること、無時間的に多様な強度が一挙に直観されることであり、いわばブラックホール（あまりに質量が大きいので光さえも出てくることができない見えざる空間）の経験のようなものであろう。われわれの経験一般の、想像を絶した反対物である。ドゥルーズ＝ガタリは、そのような反経験を「胚種的渦流」と呼んだ。

経験の始原におけるこの「胚種的渦流」に対して、生命は個体へと展開し、進化の道のりを歩むようになる。われわれの経験は、時間的に質的なものとして展開し、空間的な広がりのなかで量的に与えられるようになる。この移行については、『アンチ・エディプス』のなかでは、「根源的抑圧」ということばによって説明される。欲望は任意に抑圧されたり、されなかったりするものではないし、外部から抑圧されるのでもない。抑圧とはみずからを禁じて抑えこむ欲望のことであるが、欲望は根源的に（起源的に）そのような欲望をもっているとされるのである。このことは、理論的に不可能ではないというくらいにとっておいてよい。というのも、われわれは抑圧されたものとしてしか欲望を知らないし、抑圧なき欲望もまた考えがたいものだからである。

したがって、「根源的抑圧」とは、ビッグ・バン（現代宇宙論において想定される宇宙の始まりの大爆発）のようなものである。それによって「欲望する機械」が無数に分散されながら生じる宇宙開《かい》闢《びゃく》であり、「欲望する機械」はその宇宙の表面に展開して、相互に流れたり切ったりするようになるのである。根源的抑圧によってこそ、欲望する機械はひたすら流れる一者ではなくなり、一方でそれを抑えこむ集積複合した機構となろうとするし、また自分自身を切ったり受け取ったりする表象の世界をもつことになるのである。

抑圧が生じるということは、部分対象と任意に結合している諸器官が有機的に結合して個体が生じるということである。有機的とは、関係する諸項（諸器官）が相互に他を前提し、含みあいながら統一体を構成しているということである。抑圧によって、さまざまな表象的対象に諸感覚の器官機械の流れが接続され、「身体」なるものが形成される。

有機的身体

それにしても、受精細胞は、細胞分裂を繰り返すなかで、種の個体としての「有機的な身体（器官のある身体）」を目指しているように見える。種はなぜ個別的形象としての身体をもたなければならないのか、種はなぜ一個の巨大な有機体にはならずに、個体として分散的に存在しなければならないのかという疑問が残る。生物の個体がもつところのこの有機的身体をどう理解しておくべきか、説明されなければならない。

現代の生物学が教えていることは、受精細胞の分裂の初期には、どの細胞もそれぞれが一個の有機的身体になり得るだけの情報をもっており、逆に、どの器官へと成長していくかについての情報はもっていないということである。分裂してきた諸細胞は、成長の諸段階において、相互の位置や環境に応じて、生成すべき各器官へと自己限定していく（器官を形成するためにみずから死滅する細胞もある）。身体と呼ばれているものは、受精細胞のなかに完全な形象の設計図として書きこまれているわけではなく、群集や自然環境との連関で規定されるひとつの暫定的な形象にすぎない。

種にあって重要なのは群集であって、個体ではないであろう。個体としての有機的身体は、欲望する機械が複合して生じる布置以外の何ものでもなく、単独で実在するものではない。受精細胞の分裂があたかも有機的身体を目指すかのように見いだされるとすれば、それは、それを個体として捉えようとする人間の認識によると考えざるを得ない。

特定の種に属する個体の身体性は、自然において個別的に規定されるものではなく、人間のもつ観念、つまり種の形象のイメージなのである。すなわち、イソップ物語のさまざまな動物たちのようにして、人間が人格・部族・人種の個別性を他の種の形象に投影するのである。人間がそのような投影をするのは、普遍的観念の想起や客観的事実の観察によってなどではなく、レヴィ＝ストロースが分析したようにトーテミズムによってであり、人間の部族（種族）の分類を可能にする社会の構造に由来する。

ドゥルーズ＝ガタリは、さらにその議論を進め、身体における諸器官の有機的統合とは、直接に社会体制（社会的身体）そのものではないかと考える。種に属する個体が有機的身体をもっているのではなく、社会体制が、諸器官の接続や配置と同時に、諸個体の表象をも与えているのである。その意味では、むしろ社会体制（社会的身体）の方こそ、文字どおり有機体なのである。

社会を生物界に擬した社会有機体説という立場があるが、それは逆である。何の予定調和も根拠も保証されないかぎりにおいて、社会とは、有機的とひとが理解するところのものである。ひとは、社会の有機的特徴を生物の種に、社会を構成すると表象される諸人格を生物の個体に投射する。種がなぜ身体をもつ個体に分散されなければならないのかという謎は、こうして、われわれが盲目的に生きている社会が有機的なものとして表象されていることから理解されるのである。

器官なき身体

『アンチ・エディプス』においては、社会体制（社会的身体）は、分子量的な現象であるとされる。分子量とは、分子が一定量集合して、人間経験に特定の現象として理解されるものとなったような「個体」のイメージである。人間の通常の経験は、分子量的なものであって、それによって与えられるイメージは仮の姿にすぎない。社会体制も、「欲望する機械」という分子が集合して、その分子とは別のイメージが作りだされたものである。

しかし、社会体制（社会的身体）は、「欲望する機械」が因果論的な論理によって集合しているのではないし、それがたまたま人間経験に現われてくるのでもない。それは、大数の法則に従って確率論的に成立する。そこには、欲望する機械の熱力学的法則がある。欲望する機械は、それ自身では秩序をもたないが、集積複合されると社会体制の秩序と人間経験とを出現させる。それは、抑圧という精神分析的論理を介して、人間経験を表象的なものとして構成するのである。

社会体制（社会的身体）とは何かと追究し、それが与える表象としてではなくてそれ自体として捉えるならば、それは結局のところ、私の身体として経験されているものと別のものではない。私の身体は、私の経験一切の地盤だからである。しかし、それは多数の他者の身体とならんで、社会のなかに見いだされる。見いだされるひとつひとつの身体のひとつとして、すべての身体がそれぞれ他の身体のひとつひとつを見いださせる、というようにして社会は成り立っている。

『アンチ・エディプス』によると、身体とは、欲望する機械（諸器官）が集積複合した効果が生じる表面のようなものであり、その集合に内在している目的性が投射される外部である。社会体制とは、その効果として身体の表面に表象された無数の諸器官（欲望する機械）のあいだで生じる有機的関係である。その関係において、種の個体の有機的身体や人格的人間身体がまた、身体それ自身の表面に投影されているわけである。このようにして、ひとつの身体のうえに無数の身体が描きだされることは、決して矛盾ではない。

しかし、この「ひとつの身体」を、原始生命体が無限に増殖した巨大な個体のようなものと考えるべきではない。欲望する機械は、器官や部分対象であって全体を知らないし、身体もまた器官をもたない。全体は部分の総和ではなくて、部分の総和を指示する別の部分である。社会の有機的体制は、諸部分（欲望する機械）が全体（ひとつの身体）とは別のものであるかぎりにおいて生じる仮象なのである。そのようなものとしてわれわれは全体についての表象をもつが、それはわれわれの生きている諸部分のありのままの姿ではないのである。

だが、もし、理念的には前提されているように、実際に全体と諸部分とが合致し、表象が欲望する機械の全体制と合致するような条件が現実に生じるとすればどうであろうか。『アンチ・エディプス』は、理論的に、そのような事態を想定している。それは、欲望する機械が完全に展開されつくし、もはや欲望するものと欲望を抑えこむものの配置が完全に無差別になって多様性や局在性が消滅し、凝固した無数の欲望する機械となるときである。そのとき、器官機械も消滅してしまうその無差別性として、諸器官の絶対的外部が姿を現わす。それが、「器官なき身体」なのである。

「器官なき身体（非有機的身体）」という概念は、アルトーがかれ自身経験した苦渋に満ちた身体の究極的状態であるが、それは同時に、マルクスが『経済学哲学草稿』のなかで述べた、一切の物質が人間の生活と結びつけられて、自然が消えてしまう未来の状態のことである。

ただし、この未来は、時間が経ったら出現するというような意味での、実在的なものではない。未来というものは、器官をもつ欲望の特定の体制にとってのみ存在する。「器官なき身体」は、決して到来しない未来において、つねに現在に対する影としての姿を現わすのである。要するに、「器官なき身体」とは、全体の実在的表象として真理のことであるが、実は、社会体制（社会的身体）につきまとう社会の死のことなのである。

死とは、個人のであれ社会のであれ、一般に、未来のある時点に生じる事件であるというよりも、現在においていつ生じても仕方のないものとしてつきまとう「生の影」のようなものである。「器官なき身体」は、いつも現在の地平にあって、社会体制はかえってその先取りである。というのも、死は、先取りされるかぎりにおいて秩序を形成するものなのだからである。それによって、生成流転する生のなかで、本来は完結し得ない諸部分と抽象的な全体との関係が形成されるのである。

以上からすると、「器官なき身体」と、すでに見てきた「欲望する機械」との関係は、つぎのようなものとなる。すなわち、生命の現在とわれわれの経験を、「胚種的渦流」と「器官なき身体」の中間において理解しようとする際に主題となってくるような概念が、「欲望する機械」だったのである。なお、間違えてならないのは、「胚種的渦流」と「器官なき身体」というこの始まりと終わりは、実際の時間的展開における最初と最後ではないということである。このふたつは、精神分析の論理を徹底化したところに生じる概念である。

精神分析においては、意識は無意識の論理を知ることによって無意識を推定することができるとされるが、そのことによって、原理的に意識が知り得ないし解決もできない諸問題に光を与える。そのことの徹底化とは、意識の純粋化や実験的手法の徹底化ではなく、現在の現実を意識と無意識の混淆（混合物）として捉えてその精密な批判をすること、すなわち基準を確定して理論的限界を指摘することである。「胚種的渦流」と「器官なき身体」というふたつの概念は、そうした理論的限界を示す到達点としての絶対的過去と絶対的未来なのである。

四、欲望の論理学

われわれは、以上によって、『アンチ・エディプス』の宇宙の見取図を手に入れることができたと思う。そこには、諸器官相互の能動性に視点を移動することによって、人間主体（個人）を宇宙の中心から追いやり、生命と機械、目的論と機械論、意識と社会が、もはや対立しないものとして捉えられるような総合的な観点が実現されている。その『アンチ・エディプス』の中心的主題は、現代とそこで生活するわれわれの経験の意味を、根本的に明らかにすることにあった。そこでいよいよ、現代の社会体制としての資本主義社会が、どのように理解されることになるのか見ていくことにしよう。

資本主義社会とその歴史

資本主義であるということの人間的意味は、マルクスが指摘したように、資本の奴隷になるということである。資本は、その剰余価値を広告や戦争や環境破壊といった浪費に費やして生産をあおりつつ自己増殖していく。資本家の贅沢とは、生産をさらに増大させることであり、労働者は、一方で労働に見あわぬ賃金しか獲得できずに、他方でそれを使って生産物を消費することに追い回されるのである。

「欲望に支配される」といわれるそうした奇妙な人間の行動は、マルクス主義においては、「労働

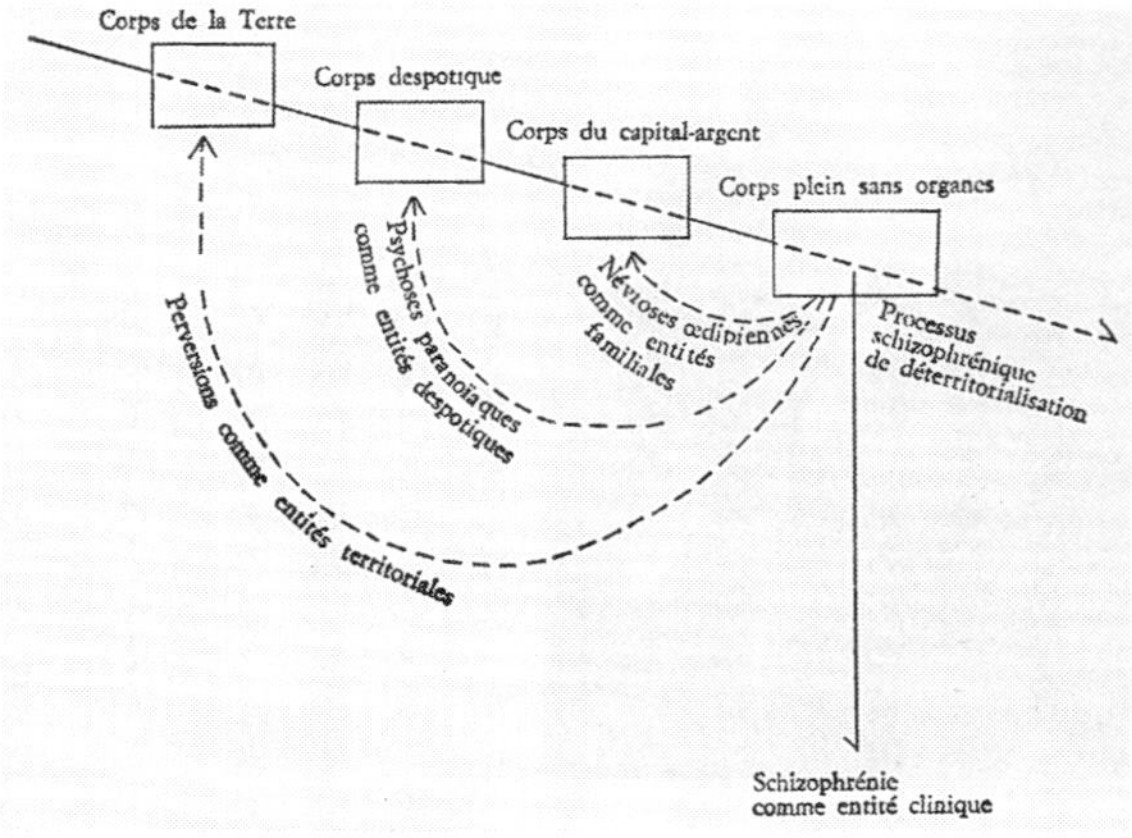

歴史段階の図（『アンチ・エディプス』より）

の疎外」として、人間の本質である労働が人間にとってよそよそしいものになっているからだと説明される。『アンチ・エディプス』においては、そのことが、エディプス・コンプレックスの歴史的意味を通じて理解されなおされることになる。精神分析のいう心理的な意味においてではなく、欲望が生みだす集積複合のメカニズムによって理解されるのである。

すなわち、胚種的渦流の根源的抑圧からはじまって、欲望する機械の自己生産のプロセスが、二段階の複合を経て資本主義社会、すなわち資本主義体制（「資本の社会的身体」）とその社会機構（「資本主義機械」）を生みだすとされる。そうしたプロセスのなかで、一方では政治的経済的システムが、他方では人間の意識と諸表象とが規定されるのである。

『アンチ・エディプス』は、このような意味で、生産力の直線的増大が社会体制の五段階を規定するという史的唯物論の立場をとらなかった。マルクス主義では資本主義のあとに共産主義社会が到来するはずであるが、それに対して、資本主義社会というのは最後の社会であり、これよりさきには器官なき身体しかあり得ない。「器官なき身体」とは、欲望する機械の自己生産が無限にまで到達した世界、生産自身が欲望されているだけの世界（「欲望する生産」）のことである。それは抑圧が完全に解除され、資本の自己増殖が完全になった社会であるが、その結果、あらゆる欲望がホワイトノイズ（あらゆる周波数成分が含まれたザーッという音）のように無秩序に存在するだけで、まったく資本主義としても機能しなくなった死の世界である。

『アンチ・エディプス』の描きだすこの歴史は、マルクスの考えた弁証法的な歴史ではないし、ましてや、実証的な歴史ではない。それは、論理的な意味で、資本主義が生成してくるプロセスを示すことを通じて、資本主義が何たるかを説明しようとするものにほかならない。知識がどのようにして生成してきたかを説明する発生論的な論理学というものがあるが、そうした意味で、『アンチ・エディプス』が述べている歴史は、「欲望の論理学」が展開されたものなのである。

そこでは、精神分析のいう前エディプス期・エディプス期・後エディプス期が、幼児の想像のなかにではなく、社会の歴史のなかに、野生時代・野蛮時代・文明時代として理解されることになる。野生と野蛮の時代は、資本主義である文明時代の時間的に以前にあるというよりは、論理的にそれを準備し、またそれを構成しているものとして描きだされるのである。

土地の社会的機械

さて、「胚種的渦流」とは、具体的には、つぎのことを意味する。人間は人類という種の個体として、その胚種をもっている。いいかえると、先祖から子孫への膨大な世代の流れのなかに位置する。「私が何者であるか」と問う経験は、私が祖先のだれかれであり、そのだれもであると同様に、私が私の子孫の一切の可能性でもあることを与える。また、そのことを通じて、私はすべての種を生じさせた神であり、あらゆる種の個体であり得ることを与えるのである。こうしたことをまともに考えさせるのは、精神分裂症の妄想においてでなければ、輪廻思想においてであろう。

そのような胚種的渦流の経験が抑圧されるということは、時間そのものが発生することによって、種が分離され、世代が分離され、群集（群衆）と個体（「個人」という概念は、近代以降の個体を指す）とが現われてくるということである。レヴィ＝ストロースによると、近親相姦の禁止からなる婚姻関係の論理が世代と血統（出自）とを分離して統合し、先祖をさまざまな動植物に求めるトーテミズムは、各部族を分離して分類の一般原理を確立する。どちらが先立つということもなく、前者によって個体が、後者によって群衆（血族や部族）が出現するといえよう。

近親相姦の禁止とは、まずは母親との結婚の禁止によって、世代の違い（親から子への系列）が画定されることである。さらに姉妹との結婚の禁止によって、複数の血統が分離して認知され、相互に血統が結びつき得るものとして理解されるなかで、その結びつきの交点としての個体が、「オジ」や「オイ」のように、親族関係の呼称において捉えられるようになることである。世界は、部分対象と諸器官の結合の流れや切れ目として経験されているが、そこに、一方では各個体の種（有機的身体）が現われ、他方では食物連鎖や生態系としての動植物の種が現われて、それらが知覚されるようになるのである。これらの有機的身体は、すべての個体に共通する条件にすぎないのだから、だれのものでもなく、諸器官もまた個体に属すものではなく、それぞれ集合的（群集的）に諸対象と結合しているだけである。

器官機械が結合する部分対象がすべての個体において共通であるということは、身体が個々人のものとして与えられているのではなくて、世界の経験の一般的条件を構成し、さまざまな系譜が登記される表面として現われているということである。この世界は閉じており、イメージでいえば、あたかも球体の内部にいて内側のすべての表面を眺めているように、世界全体が自分の身体の相関者になっているということである。知覚対象や行動形態は、特定の個体によって異なるのではなく、身体に登記されている個体とその分類に従って割り振られる。

野生時代の社会的機械は、要するに自然と人間の有機的関係を形成しているといってもよい。人間は土地との関わり（地縁）に基づいて生活しており、みずからの社会形成を自然的諸対象の生命活動から区別していない。生物学の用語としてテリトリーという概念があるが、動植物はそれを意識はしていないという厳密な定義に従ったうえで、土地とは、テリトリーが近親相姦の禁止によって人間化されたものだと考えることができる。

そのような意味で、野性時代の社会機構は「土地的社会的機械」と呼ばれ、身体とは土地のことだと説明される。それぞれの土地の諸状態の配置（地勢や風土）に、諸対象と諸器官の結合としての生命的ないし霊魂的個体（もの）と親族関係の交点としての個体（ひと）との系譜が登記され、その登記に従って人間が生活しているわけである。

ここで抑圧の三つの契機、「抑えこまれる欲望」「抑えこむ欲望の作用」「抑えこまれた代わりに与えられる表象」の関係を思い出してもらいたい。胚種的渦流が抑圧されるということは、胚種的渦流が決して意識されなくなる（抑えこまれる欲望）ということである。その代わりに、ひとびとは近親相姦の禁止を行っている（抑えこむ欲望の作用）。その理由は、まさに土地的社会的機械の形成にあるのだが、ところが、近親相姦が禁じられている以上、近親相姦に対する欲望があったに違いないとされることになる。すなわち、始原的欲望は抑えこまれ、代わりのイメージとして近親相姦の願望、すなわちもともと存在しなかったエディプス願望が見いだされるようになる（抑えこまれた代わりに与えられる表象）のである。

専制君主の社会的機械

実際には、近親相姦の現象はある程度生じるもので、それ自体は大きな問題ではない。相手が母や姉妹として捉えられなくなり、血族や姻族の関係にちょっとした混乱が生じるだけである。タブーというものには、もともとその欲望があると考えられるかもしれないが、それは禁止されるがゆえに欲望を産むのである。だからエディプス願望に対する無意識の真の恐怖は、別のところにある。それは、社会の外からやってくる征服者のことであるという。

ある日突然、土地的社会的機械のなかへと征服者がやってきて、エディプス願望を実現してしまう。征服者は姉妹と近親相姦するというが、その意味は、その社会の部族関係を構成する親族関係の血統には決して入らない独立した血統に属しているということである。そして、征服者は母との近親相姦をするというが、それは、征服ののち、親族関係の構造から外れているのに、その社会の中心的血統の女と結婚してしまうということを意味する。その結果、征服者は従来とは異なった社会機構を作りだすのである。

こうして、野生社会は、専制君主の身体を頂点とするピラミッド型の野蛮社会に移行する。新しい社会機構は、従来の土地的な社会体制（社会的身体）を破壊することなく、それを君主の身体で二重化する。あらゆることが君主の名のもとになされるようになり、君主の声（命令）に由来する法律・制度・組織といったものが、土地の社会的機械を支配し、収奪する。君主の身体が、土地という身体を属領（意識されたテリトリー）とし、専制君主の、文字どおり「手足」となる官僚機構が出現して、みずから属領支配の地図となるのである。

野生社会の発展は、諸器官や部分対象のさまざまな接続の連鎖を規定するもの（コード）を利用して、より多くの系譜を生みだすことにあった。さまざまな狩猟や耕作が行われるが、それは生物界において寄生や共生が生じるようなものである。蝶の口の形状が、進化の系統においては遠く離れた特定の種の花の構造に対応しているのと同じく、人間は植物を成長させ動物を繁殖させる手足を発達させた。そのような、すでにある自然的文化的コードを横領する手法によって新たなコードを生みだして、人間の生活と血族は多様性に富むようになり、社会は発展していくのである。

それに対し、専制君主は、その水平的な接続の連鎖をそのままに、それを垂直的に統合しなおす。コードを規定するコード（超コード）を形成し、それを通じて社会的発展の上前をはねる仕組を作りあげるのである。この仕組が、「専制君主の社会的機械」である。それを維持するのは、征服者の軍事力ではない。専制君主の機械が一旦形成されると、君主の告示の体系（法律）と徴税の台帳が、すなわち表象についてのコード（原語には法律という意味もある）が出現する。要するに、「超コード化」を実現して維持する言語の構造と社会的機能が中心的役割を果たすようになるのである。

言語の起源

多くの言語哲学は、言語が何かを意味するということを前提しているが、そのことは何ら絶対的な与件ではない。ドゥルーズ＝ガタリは、言語をも、普遍的な意味伝達の媒体などとしてではなく、欲望の論理学のなかで、段階を設けて説明する。言語は、社会的歴史的に規定される、欲望する機械の体制の一側面にすぎないのである。

野生社会における言語は、器官と部分対象の接続の延長において、身体への登記において理解される。それらに関する人間的コードの形成は、いわば森に道を作るようなものである。つまり、食料や水の流れに応じて感覚諸器官や手足の器官が配置されるということである。それが集団的であって個体的ではないという意味は、一切の対象が、だれにとっても同じものとして現われる徴表的記号としてあるということである。

記号といっても、それはそれぞれの対象（事物）がもっている効果と同様の効果を帯びた呪術的な記号である。人間が表出する図柄や音声は、はじめから器官と諸対象の連鎖のなかに差しこまれている。音声は何かを意味しているのではなくて、人間諸器官と自然的対象に対して効果を生じるかぎりで意味をもつのである。それゆえ、黒雲が雨の降る徴表であるのと同じように、図柄と音声は対象の連鎖のなかに含まれてしまっており、たとえば名を知ることが相手を支配することに繫る。それは、呪術として、人間の諸器官に直接効果を及ぼして、治療したり殺傷したりすることもできるのである。

これに対し、通常に言語であると考えられているものは、実は、野蛮時代の言語である。征服者の出現とともに、意味する言語、シニフィアン（意味するもの）とシニフィエ（意味されるもの）とをもった言語が出現する。というのも、征服者の音声と非征服者の音声には何ら共通するものがないのだから、これらを翻訳する必要がある。「真の意味」を媒介して通じ合わせるのではない。官僚機構を媒介として、君主の声が民衆の知覚と行動に転換（翻訳）されるのである。

「超コード化」を担う官僚機構を形成するものは、法律や規則からなるさまざまなエクリチュール（書きことば）である。器官の集合的結合に参加していた図柄が民衆から取上げられ、君主の声（命令）を民衆に呈示するものとして、いいかえれば、支配者のことばの写しとして再構成されて、エクリチュールとなる。エクリチュールとは、ロラン・バルトによれば、パロール（話しことば）を文字に写し取るだけでなく、それに反作用して「正しい語り口」としてパロールを整えていく秩序のことである。エクリチュールが形成される結果、民衆の知覚や行動が、君主のことばの「意味」とされるが、意味とは、君主の命令に従った知覚と行動なのである。そのようなわけで、音声と文字の対応（表音文字）と同時に、ことばと意味の対応が確立されたというのである。

さて、専制君主の機械によって構成されるピラミッドは、もちろん抑圧の力に基づいている。エディプス願望を現に実行した人物が現われたということは、抑圧が解除されたわけではない。それどころか、それが君主に限定されることによって、この社会機構が維持されるようになる。それは、土地に従属する民衆が、みずから君主に支配されることを望むということでもある。ひとびとは、君主の背後にある恐怖によって、君主のエクリチュールをあえて支えようとするのである。

その恐怖とは、すべてを破壊し尽くすもの、あるいはすべてを土地から根こそぎにするものへの恐怖である。野生社会において恐れられていたのはエディプス願望であったが、エディプスが専制君主として実際に姿を現わすと、真の恐怖が現われてくる。根源的抑圧が生じたあとでは、人間が真に怖れているものはひとつしかない。根源的抑圧が社会を形成したのだから、社会を解体するもの、すなわち「器官なき身体」をひとは怖れるようになるのである（近代においては、それが「自分の死」として表象されることになる）。

資本主義の到来

ヘーゲルは、いわば、土地的機械と専制君主の機械の矛盾が止揚されて国家が成立し、それによって歴史がおわるとした。マルクスは、それは国家ではなくて資本主義社会であり、そのあとに共産主義社会が出現して歴史がおわるのだとした。そして、コジェーヴはすでに歴史はおわっていると述べたのであったが、ドゥルーズ＝ガタリによれば、国家は観念的なものにすぎず、共産主義社会は永遠の未来にある社会の死である。

国家という完全な制度のイメージと、共産主義社会という完全な自由のイメージは、ともにひとびとの前意識に訴えて現実の単なる反対物の合成を表象させる。しかし、歴史の終りに出現する現実的なものとは、器官なき身体のことである。それは、それぞれの時代において、そのつど歴史の終りとして一般的に表象される一切の崩壊や完全な停止のことである。胚種的渦流がみずからの抑圧を望んだときから、そのことは前提されていたのである。

だが、器官なき身体は、一挙に実現されるわけではない。そこで、資本主義社会が器官なき身体の先取りとして歴史のなかに姿を現わす。ドゥルーズ＝ガタリは、野生社会と野蛮社会がたえず交替している歴史のなかで、資本主義は、まずは偶然に到来するという。コードからの資本の流れの逸脱と労働の流れの逸脱が、たまたま同期するという出来事が起こったというのである。

しかし、本質的な変化が、資本主義以前と資本主義とのあいだにある。というのも、資本主義は最後の時代である。その意味は、社会が器官なき身体になりつつ歴史がおわりかけている状況において、それをうまく遠ざける仕組をつぎからつぎに開発するような社会が到来したということである。資本主義は、社会に出現する器官なき身体の徴候を、たえず別の現象へとずらしながら、かえってそれを利用することによって社会を維持していくような社会体制なのである。

資本主義の公理系

さしあたっては、資本主義社会は、野生と野蛮の交替にすぎず、実質的な内容をもっていないといっていい。しかしながら、資本主義とは、野生と野蛮が、高速でたえず局地的に交替を続けているシステムである。資本主義が到来する以前においても、野生と野蛮とは交替していたのであるが、資本の流れと労働の流れが結びつくというある偶然によって、この交替が急激に加速され、以前とは質的にまったく異なった現象を示すようになった。すなわち、もはや土地のコード化とそれに対する超コード化が繰り返されるのではない。それ以前の社会体制は、既存のコードを利用したコードを形成して発展するのであるが、資本主義においては、それらのコードが解除されてしまう。コードとは、抑圧の結果として欲望の流れと切れの連鎖を規定している表象であるが、資本主義における資本の社会的機械はそれを「脱コード化」して、欲望を自由に流れさせるという。

資本主義は、「脱土地（テリトリー）化」と「再土地化」の永久運動であるとされる。「脱土地化」とは、コードと超コードを取り外す「脱コード化」の現象であり、欲望の流れによって形成される形象を分解する運動である。そこに器官なき身体の徴候が現われる。しかし、「脱コード化」とは原語（デコダージュ）が「解釈する」という意味でもあり、あらゆるものを解釈してしまうことでもある。その解釈によって、「脱土地化」されたものをたちどころに仮の土地に変貌させてしまう「再土地化」の運動が作動する。新たな「土地の社会的身体」のようなものが、その跡を覆うのである。

資本主義機械は、そのために、コードの生成と解除についての公理系をもっているとされる。公理系は、コードの解釈から出発するが、コード（暗号解読表や法規）のような「一覧表」ではなくて、それらの相互関係を延長して展開させる「系列」である。その結果、コードは、規約や情報のような、関係と変化を示すもの（フロー）に変わってしまう。

それゆえ、「再土地化」は、土地的機械による「コード化」と同じものではない。「再土地化」は、土地の擬似的な形象を再生することである。「形象」とは、無数の点から成り立っているテレビの画像のようなもので、欲望の流れを切断するときに出現する一時的で固定されない断片的知覚のことである（だからヴァーチャル・リアリティも許容される）。大地や人間や民族や自然に帰属されるそれらの形象は、土地的機械のアルカイック（古代的）なコードを、欲望の流れとして再構成したものにすぎず、文化や自然のコードとしての充実した機能をもっているわけではない。

資本主義は、いわば底無しなのである。もはや、土地のあり方（自然）や制度のあり方（文化）といった基礎的なコードが重要なのではない。災害・戦争・病気・恐慌のような偶然の出来事において復活してくるかに見える本来の生活（民族性）、人間のなすべきことや安らげる場所（倫理）といった基盤を、資本主義社会はもっていない。

資本主義にとって真に重要なのは「成長」である。公理系の出現に、社会体制は、もはや土地やピラミッドとは関係ない成長の仕方を開始させた。社会体制は、コードの形成によって「発展」するのではなくて、流れ（フロー）を流すことによって「成長」するようになる。流れ（フロー）の実質的な量ではなくて、その微係数が問題である。資本主義は、ただ欲望の流れが増大する場所を移転していくことによって成長し続けるのである。

したがって資本主義の成長は、社会体制自体が発展することではない。「技術革新」が作りだすものは見かけ上のものであり、一時的なものである。技術は知性の無限の能力によって推進されるのではなくて、欲望の布置によって要請されるものにすぎない。資本主義機械の成長は、いたるところにフロンティア(辺境)を、植民地や発展途上国といった市場として形成しながら行われる。その成長がおわらないように、欲望の流れはたえず分散され、全面的にならないようにされる。成長は、流行現象としてたえず古いものを掘り起こしながら繰り返され、あらゆるものを陳腐化しながら進むのである。実に、各人のこころのなかのエディプスこそ、真の意味での植民地(流行の場)である。

それゆえ、資本主義にとっては、「どこが」成長するかは問題にならない。欲望の流れが集中した場所はまもなく廃墟になり、その場所自体が移転されていくことを通じて、資本主義は「成長」それ自体を継続する。市場が世界全体を覆いつくしたあとは、ふたたび廃墟をフロンティアにしながら成長を継続するであろう。

ここで、フロンティアとは、真の意味での外部との境界や人間の可能性の限界ではないことに注意しておくべきである。資本主義にとっての真の外側は、器官なき身体である。資本の社会的機械の作動は、公理系に従って、器官なき身体という究極の限界を少しずつ取り入れて、安全で管理された境界である「フロンティア」として作りなおすことである。そのようにして、この機械は、欲望の流れが全面的になって器官なき身体が出現しないかぎり、球体の表面に拡がっていくさざ波のようにして、永久運動を繰り返すことになるのである。

五、スキゾ分析

資本主義機械における個人　これまでに見てきたものは、前エディプス的なものは土地的機械、エディプス的なものは専制君主の機械として、歴史的社会的に出現するものだということであった。それらは幼児の想像のなかにではなく、社会の現実のなかに透けて見えるものなのである。それらを、完全な制度という合理性の現実化と完全な自由という理性的主体の理想という人間経験のふたつの極とするのは、資本主義の社会的機械である。完全な制度も完全な自由も、いずれにせよ、「器官なき身体」の代わりに与えられる表象にすぎない。資本主義機械はそれらの表象を操って、人間経験をつぎのような二重拘束のなかに閉じこめる。人間は欲望のままに自由になれるのであるが、決してその自由を文字通りには行使してはならないのである。近代的な意味で、「個人」であるとは、そうしたことである。

すでに仄めかされているように、この二重拘束を執行する代理人は、父親や母親であり、それを推進しようとする精神分析である。精神分析は、無意識において直接的に歴史的社会的存在として生れてきた人間経験に対して、前意識のなかに『エディプス王悲劇』の舞台を設定し、そうすることによって人間経験が資本主義の外へと、器官なき身体の方へと出発することをやめさせようとするというのである。

前意識とは、根源的抑圧によって生じる表面であって、人間が社会化されることを通じて、社会とはどのようなものかが表象される場所である。それは、そのひとがおかれている社会的状況にしたがって、階級的利害が意識されるようになるはずの場所である。そのような場所に『エディプス王悲劇』の舞台が設定されるということは、そうした階級の立場を、父母に対する子の立場に置き換えて、しかも利害を追求するよりも、悲劇を追体験してカタルシスを得るというようにすることなのである。

資本主義社会には、このような、個人的主体であるとはどういうことか、欲望がなぜそのように限定されているかについて、ひとりひとりが納得させられてしまう仕組がある。それによって欲望が消滅してしまうというよりは、ひたすら資本の自己増殖に費やされるようになり、マルクスのいうように、人間が資本によって疎外されるということになるわけである。このような事態を解明することこそ、『アンチ・エディプス』の中心的主題であった。

そこでこれから、人間経験が本来は何であり、それを資本主義がどのように規定しようとするのかについて、『アンチ・エディプス』が、どう説明しているか見ていくことにしよう。そのなかで、マルクス主義において問題となった、どのようにして階級的利害を意識するか、すなわち「何をなすべきか?」という問の意味も、変質させられて理解されることになるに違いない。

パラノイア

『アンチ・エディプス』は、欲望する機械の一元論に基づくのであるから、人間経験に主体とか知性とかを与件として前提したりはしないということであった。それらは、あくまでも欲望の展開の論理に従って姿を現わす現象である。人間経験の根源に、宇宙的生命と個体、世界と主体が未分離な「胚種的渦流」がある。そのようなものが、個体とか主体に帰されるようになるのはどのようにしてであろうか。

個体としての人間は、野生社会において、まずは近親相姦の禁止によって形成される親族関係の布置のなかで与えられる。諸器官は集団的に配置されていて、それを作動させるのは自然とか神々と呼ばれる土地的機械なのだから、人間経験は器官の統合ではなく、呼ばれる名前そのものであるにすぎず、その名において欲望の効果が享受されるところのものである。その効果自体は、分類を許さない多様な強度の帯であり、土地的機械によって配当されるだけである。

つぎに、専制君主の機械において、人間は欲望の根源を横領し、自分が欲望の主体であるとの意識をもつことができるようになる。つまり、胚種的渦流におきかえられたイメージ（表象）としてのエディプス願望を実行することによって、専制君主は、あたかも欲望をわがものとしたかのような見かけをもつことになる。民衆の個体性の方は、専制君主の機械の超コード化によって二重化され、ある範囲の強度の帯にすぎないままでありながら、専制君主の機械の部品ともなるのである。

機械の部品になるといっても、超コードが規定する表象に従って、みずから欲望してなるに変わりはない。諸器官が有機体に対してもつ関係のようにして、部品としての人間個体は、専制君主の機械がよく働くようにその秩序を欲望する人物となる。この傾向が、資本主義機械の時代になると、パラノイアとして現われてくる。パラノイアとは、元来、妄想症状が中心となる精神病のことであるが、パラノイアの欲望する秩序が実現すると、社会体制はファシズムとなるのである。

現代において、ひとが独創的である（芸術）とか、理性的である（科学）とか、カリスマ的である（政治）ということは、パラノイアの変種として理解することができる。パラノイア症の患者の妄想は、概して首尾一貫したものである。パラノイアは、現実の些末な諸要素から、壮大な体系を構想する。それが妄想と呼ばれるとすれば、それはその体系が、資本主義機械の与える、現実についての表象に組み込まれないというだけのことである。

というのも、資本主義機械は、器官なき身体を遠ざけるために、まず現実と想像とを区別する第一の公理系を与えるのである。これが、あとで説明するように、「エディプス化」である。そのうえで、さまざまな公理系をつぎつぎに開発しては、現実とされるもののなかに組み込み、その秩序を維持する。その応用や適用として、既存の公理系に組み込まれる妄想が合理（理性）的なものと呼ばれて、作品や理論や政策になるのである。まえにそのあり方が問題となった技術的機械も、一方では科学的空想（想像）として、他方では現実的装置としてそこから生じてくると理解することができる。

しかしながら、他方では、社会体制のなかに少しずつ現われる器官なき身体、あるいは同じことになるが、抑圧から漏れだした欲望の流れがある。欲望は、根源的抑圧から、さらに専制君主の見せかけの抑圧から漏れだしてくる。いたるところで、事故や偶然や発見など、コードや超コードや公理系からすると原理的に理解を絶したことが、いつの時代にも生じる。

資本主義以前では、漏れだしてきたこの欲望をどうやってとじこめて、体制を修復するかが問題であった。そうした欲望を利用する商業資本や金融資本をいかに制御するかが問題であった。さもなくば、漏出する欲望の流れの増殖氾濫は体制の崩壊につながり、そうなると、ふたたび土地的機械のやりなおしからはじめることになるからである。

これに対し、資本主義機械は、この欲望の流れを積極的に利用する。流れ（フロー）の連続的な増加のあとの突然の低下という現象（恐慌）が、資本主義の特徴である。いたるところでやりなおされながら、欲望が一点に殺到しては、その流れが崩壊する。こうした流れをたえず増加させようとする資本主義は、その増加が原理的に無限大に到達し得ないがゆえに、いわば調子狂い抜きにはあり得ないという成長の仕方をする。成長に狂いを与えて資本主義を賦活するものこそ、体制を覆すものとして怖れられている漏出する欲望の流れである。それがどうして漏出してくるのかと問う必要はない。そうした欲望こそ、欲望する機械の抑圧されるまえの姿だからである。

スキゾ

人間経験においてこの現象が現われるのは、芸術的ないし学問的ないし政治的インスピレーションにおいてである。「個性的なもの」と呼ばれるものが、それであろう。しかし、ことはそれほど簡単ではない。というのも、そういった名前で呼ばれるものが存在するようになるのは、すでに見たように、ただちにパラノイアの公理系によって、作品・理論・政策として再土地化されるかぎりにおいてだからである。

それにしても、無数の欲望の漏出が、つまり人間経験ではなまの形での欲望する機械の出現が、とりわけ資本主義社会ではいつでもどこにでも見いだされる。欲望の過程においては、人間はもともと分裂的なのであるということを指摘しておいた。ドゥルーズ＝ガタリが「スキゾ（分裂）」と呼ぶのは、欲望する機械が現出する、このなまの経験のことである。

これを、臨床医学の対象としての精神分裂症（スキゾフレニー）と区別しておくことが必要である。スキゾとは、病的な状況に追い込まれれば分裂症になるような、そのもとの断片的経験のことであり、だれにでもあるがたちどころに抑圧される特異な経験内容のことである。もし欲望の漏出が適当な環境をもたない場合、それにもかかわらず経験の全幅を占めるほどになった場合、ひとはただちに病院や精神分析医のもとに送りこまれて、精神分裂症という特定の「人物」の病的変容となるのである。正常と異常のあいだの境界は、相対的なものではなく、こうした社会的規制によって事実上のものとして作りだされる。普通は、家族やそれに類する集団のなかで「自然治癒」するものなのであるが、そうでない場合には、現実の社会においても精神分析医の長椅子のうえにおいても、「エディプス化」という社会的抑圧の波をまともに被ることになるのである。

ノイローゼとエディプス化

フロイトの精神分析だけが、はじめて精神病を治癒することに成功したといわれているが、それはノイローゼ（神経症）についてだけである。ノイローゼの治療とは、エディプス期に何らかの障害があったとみなして、エディプス・コンプレックスをやりなおさせることである。それが成功するのは、まさに患者がそれを望んでいるからだと、ドゥルーズ＝ガタリは説明する。ノイローゼはエディプス化の欲望に由来するのだからこそ、精神分析はそれに成功するのである。

エディプス化の公理系は、欲望する機械が性欲と呼ばれるようになり、性欲が想像の領域を形成するようになる資本主義の基本的な公理系である。それは、「パパ―ママ―ぼく」という三角関係から出発する。そこにおいて、一方で「ぼく」はママとの性交を、パパが去勢すると脅すから断念し、他方では、その代わりに「ぼく」は、ママのパパに対する関係と同じ性的な関係を「想像」のなかで経験するようになる。それ以外の一切の社会的関係は「現実」に属するのであって、パパの去勢する力によって決して性的欲望ではないと悟らされ、その代わり、無記名の社会的個人として振舞うべきなのだと信じさせられるのである。

こうして、本来は社会的なものである「想像」が、個人の秘密の経験になってしまい、その経験を中核として、エディプス化のプロセスが、性的想像的な関係と社会的現実的な関係の蝶番としての「個人」を作りだす。「個人」とは、想像上と限定されてしまっているのだから完全に性的欲望であることもできず、現実は性的欲望が支配しているのにそれを否定するのだから完全に社会的であることもできないという、二重拘束に陥った経験のことである。

個人であることとの二重拘束は、「健全な人物」においては、状況に応じて性的想像的なものと社会的現実的なものを転換するという技法を通じて生きられることができる。そうすれば、経験がパラノイア的体系に組み込まれはじめたり、経験の全幅にスキゾが満ちてきたりすることもなく、一定範囲の経験だけを自分のもの（私の経験）としていることができる。

ところが、ノイローゼの患者は、エディプス願望にいたるまえの状態に退行していて、想像的関係と現実的関係の区別をうまく理解できなくなっている。その結果、想像と現実の境界線の曖昧さに、その転換のタイミングに、性的欲望の識閾の水準の違いに苦しんでいるのである。いいかえると、ノイローゼの患者は、社会的状況が実際には非エディプス的であり、いたるところにスキゾが出現することに苦しんでいるのである。

それゆえ、精神分析が、『エディプス王悲劇』の舞台を正しい想像の世界として導入して、まさに患者が望んでいた性的欲望の想像上の可能性とその現実からの分離を与えてやれば、患者は治癒することになるというわけである。

人間経験の個人的範囲

だが、治癒とは、患者が人物（パーソナリティ）を「回復する」ということであろうか。ドゥルーズ＝ガタリによれば、逆に、ひとはエディプス化の操作を通じて、大なり小なり「人物化」されるのである。すなわち、人間経験は基本的に開かれていて、その範囲を画定しがたいものであるのに、エディプス化によって一定の領域画定がなされ、責任ある個人とか、さらには理性的主体という単位に作りあげられるというのである。

かれらによると、精神分裂症の諸症状は、すべて欲望する機械の、エディプス化に対するさまざまな抵抗の運動を示している。言語によって抵抗し（妄想型＝パラノイア）、行動によって抵抗し（破瓜型）、ついには欲望の死にいたる（緊張型）。それらの型は、患者の社会的な取り扱われ方を鏡のようにして表現しているだけであり、最終的には人間経験における器官なき身体の到来への、進んだり遅れたりする道行にほかならないのである。

『叫び』　ムンク

ノイローゼの患者も精神分裂症の患者も、実は同じもの、経験に生じてやまない欲望する機械の経験（スキゾ）に苦しんでいる。それはエディプス化によって可能となる性的な想像や行動としての性欲のことではなく、すでに述べたような「過程としての欲望」、すなわちすべての瞬間がほかの瞬間よりも重要な、目的なき一貫性のことである。

そうした経験を周囲は放っておかないものであるから、ひとはその結果としての周囲の圧力にすら苦しまされることになる。そして、もし、それを否定する方向に進もうとすれば、過剰にエディプス化を期待して、みずから罰されようとするノイローゼとなり、もしそれを肯定する方向に進もうとすれば、エディプス化への抵抗として、さまざまな言説や行動を発明しながらパラノイアなどの精神分裂症となるのである。それゆえ、現代の人間経験として「個人」であることは、スキゾを社会的に許容される程度に否定するか肯定するかに応じて、少しノイローゼであるか、少しパラノイアであるかのいずれかであるということになる。資本主義機械は、決してスキゾを否定しているわけではないし、まさにそれを活用しているのだから、人間経験が、あたかも原子力発電所のゆっくりした核爆発のように、その安全な範囲に納まることが期待されているのである。

ノマディズム

では、そのような状況のなかで、「何をなすべきか？」というあの問の答は、どうなるのだろうか。ドゥルーズ＝ガタリの考えは、つぎのようなものであると思われる。

第一に重要なことは、個人であることは、どうこうすることではないということである。どうこうしようとすることは、ノイローゼになることとか、ノイローゼ的状況から抜けだそうとしてパラノイアになろうとすることである。

パラノイアになることは、専制君主の社会的機械を再構築しようとすることである。たえず個人であることの二重拘束に呼び戻されながらパラノイアであり続けようとするならば、ひとはファシズムへと向かうことになる。そこで描きだされる社会機構の秩序を、理性の名のもとにみずから受け入れる欲望をもつとともに、ほかのすべてのひとをそれに従わさせないではいられないようになってしまうであろう。

それゆえ、第二に、より本質的に重要なことは、スキゾを求め、そのそばに移動することである。いたるところに欲望する機械が姿を現わす。それを見いだすことのできる特殊な能力というものがあるわけではない。ただ、欲望する機械が公理系に絡《から》めとられてしまうまえに、そこに到着しなければならない。そして、スキゾをそのままにしておくように、振舞うべきである。

「ノマド（遊牧）」といわれているものが、その振舞である。それは、土地のうえでの遊牧、身体的移動としての遊牧ではない。「遊牧民は決して旅立たない。旅は定住民のすることである、ともに旅立つことを拒むがゆえに、かれらは遊牧するのである」。ノマドとは、スキゾを追い続けて、どこにも定住（土地化）しないようにすること、パラノイアにならないようにすることである。

具体的には、つぎのようにすべきであろう。パラノイアは、「よい」と「悪い」などのさまざまな社会的二分法を強調して、その根拠を捏造するのが好きである。かれらの引く線には、図表や一覧や公式や路線などを形成するさまざまな線がある。それが、擬似的な土地を形成している。それゆえ、まずは、そのような線を一緒になって引かないようにすることである。そして、これらの線を無効にするような現象を見損わないことである。

そしてさらに、それらの現象を繋いでみるという、奇妙な線を引くこともできるであろう。たとえば、よいことと悪いことに共通するものに線を引いてみることである。こうした、従来の分類を異なった方角から分類しなおすように引く線を、ドゥルーズ＝ガタリは、「横断線」ないし「逃走線」と呼ぶ。逃走線とは、私が逃げる方向を示すものではない。「個人」である私が脱出しようとするのだとしたら、それはノイローゼのことであろう。逃走線は、欲望が社会体制から漏出し、スキゾが出現する可能性があるいわば「前線」のことである。つねにそのような横断線、逃走線を引いていれば、スキゾを見失うことはない。そのなかで、ひとは「個人」であるそのことから脱出することもできなくはないであろう。

ファシズムと革命

個人的な悩み、日常生活の些末な悩みは、なるほどエディプス・コンプレックスの問題に還元することができるが、その意味は、精神分析医の治療によって、その悩みがすべてはパパやママとの関係の問題だと知らされるということではない。『アンチ・エディプス』によれば、それが社会の真の問題からそらされるための擬似的な問題であり、ファシズムへの誘惑の罠であると、みずから気づくことなのである。

そのような「反治療」の姿勢は、R・D・レインにはじまるが、これを徹底して、ドゥルーズ＝ガタリは「スキゾ分析」と名づけた。精神分析が個人の心理を主題とするなかにひとつの道徳を含みこんでいるのに対し、「スキゾ分析」とは、だれのものでもない欲望の過程を主題とし、それを解釈すると同時に（マルクスのいったように）変革しようとするものである。

では、社会体制における真の問題とは何であるのか。それは、公理系の飽和による欲望の窒息現象であり、人間経験に即していえばファシズムである。ファシズムは、癌のようなものである。欲望する機械は、有機的身体を知らないし、それに対立するものであるから、それ自体癌細胞のようなものであると考えられるかもしれない。しかし、分子的な欲望する機械が進化の因子となって生命に新たな飛躍や多様性を生みだす可能性があるのに対し、分子量的なファシズムという病は、エディプス三角形の巨大な結晶体を形成して社会的なエディプス機構を作り上げ、生きた社会体制と対立するようになるのである。

資本主義機械において避けなければならないものがあるとすれば、それは器官なき身体の出現という社会の死であり、それへの通路であるファシズムという社会の病《やまい》である。「器官なき身体」とは、フロイトのいう「死の本能」であって、そのような欲望の全面的実現のイメージは、社会にとっても経験にとっても、死の方へとおびき出される囮《おとり》である。つまり、個々の欲望が多数性と多様性のなかで噴出するのは、生命にとって本質的なことであるが、それがひとつの全体性のうちにとらわれるときには、欲望自体の死滅を意味するのである。

これを避け、資本主義機械が自動的に自己生産しながら成長していくためには、人間経験がたえず欲望する機械を導入し、個々の欲望がその本質（スキゾ）において追求されるという条件が必要である。『アンチ・エディプス』によると、通常はさまざまな公理系が、器官なき身体を祓いながらそれを社会に内在化しつつ、社会を活性化する役割を果たしている。ところが、資本主義機械の中核にある「エディプス化」という公理系が、欲望を完全なものの欠如である形態として表象して欲望を窒息させ、ファシズムを生みだす枠組として機能するというのである。

このような事態に対して、ドゥルーズ＝ガタリは、資本主義とエディプス化とは切り離すことができると考えているようである。かれらにとって、資本主義的社会体制を転覆することは、もはや問題ではない。むしろ、そのなかでエディプス化に抵抗することこそ重要である。というのも、ノマディズム、すなわち経験のなかにスキゾを維持しようとすることは、個人の自由を追求するままにパラノイアとなってファシズムを迎え入れてしまうことに抵抗することを意味する。「真の自由」が問題なのであるといういい方をしてもよいが、ひとはスキゾの方へと向かうしかないのであって、そうでないかぎりにおいて死を、つまり社会の死が同時に自分の死であるような死を覚悟しているだけだということになるのである。

もし、たえずスキゾに向かうことを「革命」として理解するならば、ノマディズムとは「永久革命」の理論である。革命とは、生命の進化と同様に、まずは「生の飛躍」（ベルクソン）であって、既存の秩序に対して差異をもたらし、多様性を生みだす運動の人間的経験である。実際、スキゾは芸術・科学・政治において、創造・閃き（ヘウレカ）・革命として出現するのであって、要するにそれらは同じものであり、簡単にいえば、経験の質において行き着くところまで行くこと、ニーチェのいう「永遠回帰」である。

ドゥルーズ＝ガタリは、『アンチ・エディプス』という書物において、このようなことを明らかにするために、個人と社会という二元論に対する横断線を、生と死、親と子、男と女という人間経験の根幹をなす三つの契機について引いてみせた。かれらは、それと同様にして、その他のさまざまな二元論に対して、たえず横断線を引いてみることを、さらに読者に勧めてやまないのであるが、読者は、そのようなやり方の意義を十分に理解されたであろうか。

III　ドゥルーズ主義の哲学

この章では、ドゥルーズの哲学を、全体的に説明しようと思う。

すでに述べてきたことからも窺われるように、ドゥルーズ哲学は三つの側面ないし領域をもっている。第一のものは、『アンチ・エディプス』に表現されたような独自の世界把握（宇宙像）であるが、これは説明しおえたところである。第二のものは、文学芸術作品のなかにかれが見いだしたところの、言語的なものの論理とそれ以外のものとの連関に関する思索である。第三のものは、前二者を基礎づけることになるものであるが、思想史の研究から導きだされてくるかれ自身の倫理学・形而上学である。

その分類に応じて、第一節では、ドゥルーズの思想史的研究の動機を検討し、第二節では、ベルクソン論やニーチェ論において、かれの倫理学を取り扱う。そのうえで、第三節で『意味の論理学』などの著作を手がかりにして、学問との関わりでかれの表現論を取り扱い、第四節で『差異と反復』について解説することによって、かれの形而上学がどのようなものであるかを明らかにしていきたい。

その際に、ドゥルーズの各著書を代表として選びだしているが、それはただその書物が該当するテーマを中心的に扱っているというだけで、実際にはどの著作にも、いずれのテーマの側面も見いだされ得るということを、あらかじめ断わっておく。

なお、引用箇所の出典を示す略号については、「おわりに」に付した文献一覧を参照していただきたい。

一、思想史的研究とヒューム論

思想史の問題

最初の方で述べたように、ドゥルーズは、かれの業績を思想史的研究からはじめた。思想史家を目指していたようにも見えないのに、なぜほかの哲学者のように自分の体系を展開するということからはじめなかったのだろうか。過去の哲学者のテキストに参照しなければならないのはなぜか、という問からとりかかることにしよう。

「テキストとは何か」という問題については、現代フランス思想においては、ロラン・バルトの「新批評」、リクールの「解釈学」、デリダの「脱構築」など、さまざまな議論がなされている。いずれもテキストを、著者の思考を表現したもの、あるいは現実についての情報といったようなものとする単純な見方を退けて、そこに独特の世界が開かれていることを主張するものである。

それに対して、ドゥルーズの主張はあっさりしたものである。さる学会発表の質問に答えて、かれはつぎのように述べている。

私は自分をテキストの評釈者とは全然考えておりません。テキストとは、私にとってテキスト外的な実践におけるひとつの小さな歯車にすぎないのです。問題なのは脱構築的方法やその他の方法によってテキストを評釈することではなく、そのテキストを延長していくテキスト外的な実践においてそれが何の役に立つかということなのです。ここで、実践ということばを、テキストから学んだことを生活に役立てるというような意味に解すべきではない。

哲学者の実践とは、まずは概念の研究である。概念は、なんら対応する意味ないし事物をもっているのではないという点で、普通の名詞から区別される。「概念は凝固したものではありません。それにはいつも手を加える必要があります。手を加えれば加えるほどそれは辻褄《つじつま》のあったものになるのです」と、ドゥルーズは説明する。

かれがそのようないい方をするわけは、概念を、思考の普遍的対象であるとか、個々の対象が単に抽象化一般化されたものであるとは考えてはいないからである。哲学者は、過去のテキストの諸概念に参照し、類似の問題を重ねて問い質《ただ》していくが、それはただ哲学者の頭のなかで生じていることではない。「概念というのは哲学にとっては現実ですが、回りの現実との反響がなかったら確かなものとはならないのです」と、かれは述べる。

概念とは、問題の取上げ方を示しているひとまとまりの思考であり、通常は多くのひとびとがそれを通じて生活することばのなかに眠っている問のことなのである。哲学者は、ひとびとの現実のなかに潜んでいるそのような問が何であるかを発見しようとしているのであり、その問を鍛えあげることによってそれを白日のもとに曝《さら》し、ひとびとに見るべきものを見させようとするのである。

ひとが哲学者のテキストを読まなければならないのは、ドゥルーズにおいては、せいぜい以上のような理由からである。それは、概念がどのようにして成り立っているかを知るためであり、それを知ることによって当の概念がことばとして意味しているものを巡る問を集約し、現実をより根底的に問いなおすやり方を見いだすためである。重要なのは、そのテキストの問いかけから引き出されてくるものは何かということであり、あとでもう一度問題にするが、それがかれにとって「実践」という語の最も基本的な意味なのである。

ヒューム研究の意味

このような姿勢において、ドゥルーズが、とりわけヒューム研究からはじめた理由を推測するのは、難しいことではない。

時代の思潮は、ベルクソニズムと新カント派の対立のなかにあった。ベルクソンは、生気論的形而上学によって、近代哲学と近代科学の双方を断罪してみせた。ベルクソニズムは時代を支配することになったが、専門研究者の主流をなしたわけではなかった。専門研究者のあいだでは、デカルト主義や実証主義が中心であり、なかでも学問的対象として自然と文化を分けて考える新カント派が強い影響力をもっていた。

その頃、サルトルを代表とする多くの若い哲学者たちは、コジェーヴによるヘーゲル哲学の紹介を通じて、新しいドイツ哲学がこの対立を乗り超えるためのヒントになると考えていた。だが、そのヒントが、イギ

ヒューム

リス哲学であってならない理由がどこにあるだろう。ジャン・ヴァールの書物は、ドゥルーズの眼をイギリス哲学に向けさせたということであった。

ドゥルーズのヒューム論、『経験論と主体性』の結論部では、カントとベルクソンを引合いにしながら論が進められる（ES第五章）。かれがそこで行っているのは、ヒュームからカントへという思想史的常識を覆《くつがえ》して、ヒューム哲学のなかにベルクソニズムの先取りを読みとるということである。実存主義者（サルトルなど）や構造主義者（レヴィ＝ストロースなど）に見いだされるベルクソニズムへの敵対視は、かれらから遅れてやってきたドゥルーズには見いだされない。しかし、新カント派に対決するという点においては、ヒュームの再評価は、カント哲学の源泉をまず批判するという意味合いをもっていたといえなくもない。

ヒュームは、思想史においては、微妙な位置づけにある哲学者である。批判主義のカントに「独断のまどろみ」から眼を覚まさせ、功利主義のベンタムに「眼から鱗が落ちた」とまでいわしめたにもかかわらず、かれの哲学はハチスンの亜流にすぎないとか、近代哲学の一通過点にある懐疑論にすぎないともいわれているのである。

カント哲学は、理性の自己批判の哲学である。理性が理性自身の限界をみずから究《きわ》めるという方法の哲学である。ヒュームはその手前で、理性をもって学問の基礎に据えた近代哲学に対抗して、経験の原子が観念連合の論理によって人間理性を構成するとした。かれは、理性が情念を支配するどころか、逆に理性は情念に従っているのだという点を力説したのである。

理性とは、人間の推理する能力であり、それによって経験に知られる以上の知識を絶対的なものとして人間に与えるものである。もし理性が情念に依存しているとすれば、経験を超えた学問的諸原理はどう根拠づけられるだろうか。そこから、ヒュームが懐疑論者であるという見方が生じてくる。

だが、その見方は、むしろカントがこの懐疑論を克服して、理性の正しい使用法を理性自身が確立できると主張したという歴史的な流れによって与えられたのである。カントによるそうした理性の確立が、真に筋の通ったものであるかどうかは別問題であり、そのことは、あとで、ドゥルーズのニーチェ論において問題にされることになるであろう。

ドゥルーズのヒューム論

さて、『経験論と主体性』という書物をひもとくにあたっては、ドゥルーズによる新しいヒューム像ばかりでなく、ドゥルーズ哲学そのものの確立という面に注目すべきである。

そこには、のちにドゥルーズが展開することになるさまざまな論点や、『アンチ・エディプス』で使用される論理が先取りされていて、興味が尽きない。そのひとつひとつを説明するゆとりはないので、ここでは、そののちもずっと重要であり続けるかれの核心的主題を、四点ばかり指摘しておくにとどめる。

その第一の主題は、すでに述べてきたことに繫るが、「哲学とは何か」ということである。「哲学の終焉」という時代風潮のなかで、自分自身の営為を意義づけるためにも、かれは最初の数冊の著書において、「哲学」についての考察を繰り返している。それ以降のかれの思想史的研究は、そこで見いだされた線に沿って展開されると考えてよい。すなわち、

哲学的理論とは展開された問であって、それ以外の何ものでもない。哲学的理論は、それ自体によってもそれ自体としても、問題を解決することに存するのではなく、公式化されている問に必然的に含まれている意味を徹底的に展開することに存するのである。(ES第六章)

ひとは、問題の解答が真であるか偽であるかとすることで満足する。それに対し、哲学者は、与えられた問が適切であるかどうかを吟味することによって、自己の思考を試練にかける(B第一章)。問題が生じてきた場それ自身を検討する点において、哲学の問はほかの一切の問から区別されるのだからである。

第二の主題は、主体概念に関わるものである。主体に関するさまざまな問に対して、その問の適切性を吟味し、その問の場を検討に付さなければならない。その検討のなかで、科学的認識を可能にした近代の主体概念が、もし前提され得ないとすれば、どう問いなおされるべきかということが問題になってくる。それは、ドゥルーズのいずれの著書にも通底する一貫した問いかけでもあった。

第三の主題は、情動ないし感情の多数性・多様性・多産性の強調である。これらの諸要素は、『アンチ・エディプス』では、欲望という概念に絞られていくものである。情動は主体性という観

点からすると、その確立を妨げるもの、克服されるべきものであったが、ドゥルーズは、これらにこそ人間本性の重要な要素を見いだすのである。

そこから、第四の主題は、「生成」とはどういうことかということになる。というのも、理性による理想的秩序はないにせよ、現実にはなにがしかの秩序がある。乱雑で無秩序とされる情動から、主体性を経由せずにどのようにして秩序が生成してくるのであろうか。秩序が混沌から「生成する」のだとしたら、生成とはどのようなことであろうか。その主題が、ドゥルーズ哲学のその後の展開を規定しているのである。

以上の主題について、哲学そのものに関わる第一の主題はこれまでということにして、主体性の概念に関わる第二の主題から、順に見ていくことにしよう。

自然と理性

ヒュームの議論は、一般に経験の原子論とその連合説として、いいかえれば、知識とは経験の諸要素がある種の法則に従って取り纏められたものにすぎないとする説として理解されて、世界のそのような捉え方は単純すぎると批判された。だが、ドゥルーズにいわせると、そうした批判は、テキストを丁寧に読みさえすれば簡単に覆されてしまう体《てい》のものである。原子論や連合説が真であるか否かばかりが問題にされるが、ヒューム自身の真の問は、つぎのようなものであるはずだと、かれは述べている。

いかにして、所与のうちで、所与を乗り超えるようなものとして、主体は構成されるのか。

明らかに主体は、また所与である。所与を乗り超えるものは所与であるが、明らかに、別のやり方、別の意味においてである。発明し信念をもつこの主体は、その主体が所与そのものをひとつの総合、ひとつの体系にするようにして、所与のうちで構成される。このことこそが説明されなければならないのである。（ES第五章）

これは要するに、主体を超経験的にあらかじめ存在しているものとしてではなく、ひとつのパラドックスとして捉えなおそうとするところにヒューム哲学の特徴があるということである。主体は経験のなかで形成されたものでありながら、経験を認識するために経験を超えているとされる。そうした主体という概念そのものが、経験のなかにおいて説明されなければならないのである。

ドゥルーズは、人間が主体であるということの自然的本性を探究しようとした点で、ヒュームは偉大な哲学者であると述べる。ヒュームは、なるほど印象とか想像といった心理的諸概念を問題にした。だが、かれは、人間主体を自然から孤立した心理的な存在として理解して、その論理を探究しようとしているのではない。ドゥルーズによると、かれは、感覚器官によって受け取られる自然物の反映として印象や想像を捉えようとしているのではなく、印象や想像の論理における秩序の発生を探究することによって、自然と人間経験の関係、とりわけ自然のなかに出現する心理なるもの（人間主体）そのものの条件を発見しようとしていたのである。

しかしながら、自然のなかに法則性を見いだそうとするのも、人間本性（自然）によるのだから、問題はきわめて入り組んでいる。一方で、主体が前提されないで自然のなかに経験以上の法則性の存在の信念が生じてこなければならないし、他方では、その信念の主体として、法則的なものとして社会性が成立するように発明する主体が、自然のなかで生じてくるということでなければならない。信念として受け取られた法則性と発明された法則性のどちらが先立つということもないようにして、それらのことが同時に成立しなければならないのである。そのような仕組とは、はたしてどのようなものであり得ようか。

この問題は、理性を超経験的なものとして前提しさえすれば、雲散霧消してしまう問題である。カントは、理性は事実上存在するものであるが、それはどのようにして、何のために存在するのかというように問題にした。カントによると、理性はみずからの立法によって、自然においては実現され得ない法則的社会を作りあげるために存在する。それゆえ、カントは、認識（信念）における自然法則と、実践（発明）における道徳法則を、平行してはいるが異質のものとして、明快に提示することができたのである。

それに対し、ヒュームが理性を前提しなかったといわれるのは、つぎのような内容を指している。

　精神のなかの理性と妄想とを区別できると、すなわち恒久的で抵抗できない普遍的な原理と可変的で幻想的で不規則な原理とを区別できると期待しても無駄であろう。近代哲学はそれを期待しているが、それは誤りである。（ES第四章）

ヒュームによると、理性と妄想は区別され得ない。通常、理性は情動に妨げられないかぎり、知覚と想像を区別して合理的なものを見いだすものとされる。ヒュームは、知覚と想像の集合体のダイナミックな契機を強調する（ES第五章）が、それらの自由な結びつきは、理性の立場からすると情動によるものとされ、妄想の源泉になると考えられるものである。ところが、ヒュームは逆に、それこそが、妄想と同様に理性をも生みだす創造的な働きをもっているとするのである。ドゥルーズは、カント的な思考のさきがけをヒュームに見いだしながらも、この点でこそ、ヒュームの問の方に軍配を上げるのである。

ヒュームからベルクソンへ

ヒュームのいうように、理性が妄想と同じ根をもっており、妄想とさしあたって区別できないとすれば、そのことは、理性を不可能にするのではないだろうか。理性がつねに妄想かもしれないという条件を伴うということは、理性が見いだすものの確実性を失わせるからである。

ドゥルーズは、この問題は、ヒュームにおいて、いわば「かすかな目的論」によって乗り越えられるとするのであるが、カント論においても問題になるように、かれがこうした目的論的な契機をどこまで本気で支持しているかは疑問である。それは、のちに目的論とは何かという別の議論として展開され、別の名目であるいは非常に限定された意味で捉え返されることになるであろう。

むしろ、ここでわれわれは、目的論の内容を検討するよりも、生成という概念の検討へと向かうように促されることになる。ヒュームは、情動で溢《あふ》れた自然の混沌のなかから、同時に社会的主体の実践の秩序とその主体が認識すべき自然法則の秩序が生成してくるような原理について考えているということであった。多様な情動が、どのような論理に従って秩序づけられたものとなるかが理解されなければならない。混沌と秩序とは、ひとつの矛盾である。存在と生成は、哲学史上もっとも古い対立概念のひとつであったが、混沌から秩序が生じるためには、存在の論理に従っているわけにはいかないであろう。

〔ヒュームの述べている〕原理が、精神の厚みのなかにその効果を及ぼすにつれて、この効果そのものである主体は、ますます能動的になり、ますます受動的ではなくなる。主体は始めは受動的であったが終わりには能動的になる。このことからわれわれは、主体性とはまさにひとつの過程であるという考えを、しかもこうした過程のさまざまな契機の財産目録を作らなければならないという考えを確信するのである。（ES第六章、傍点筆者）

自然における主体の生成は、単にあるものが変化することや無から有が生じることから区別されなければならない。何かの生成について考えるかぎり、概して、その生成を規定する規範や法則へと、つまり存在へと差し向けられる。しかし、主体の生成は、何かの生成ではなくて生成それ自身、生成であるかぎりの生成としての「過程」である。それゆえ、これによって形成される秩序も、規範や法則としてではなくて、生成の論理において捉え返さなければならないであろう。

そのようなわけで、この書物の最も重要な頁で、かれはつぎのような整理の仕方をしているのである。ここで「直接情念」とは経験や行動においてそのまま現われる情念であり、「間接情念」とは、自負心や卑下心など、何らかの観念に結びついて自我に属することで生じる情念のことである。

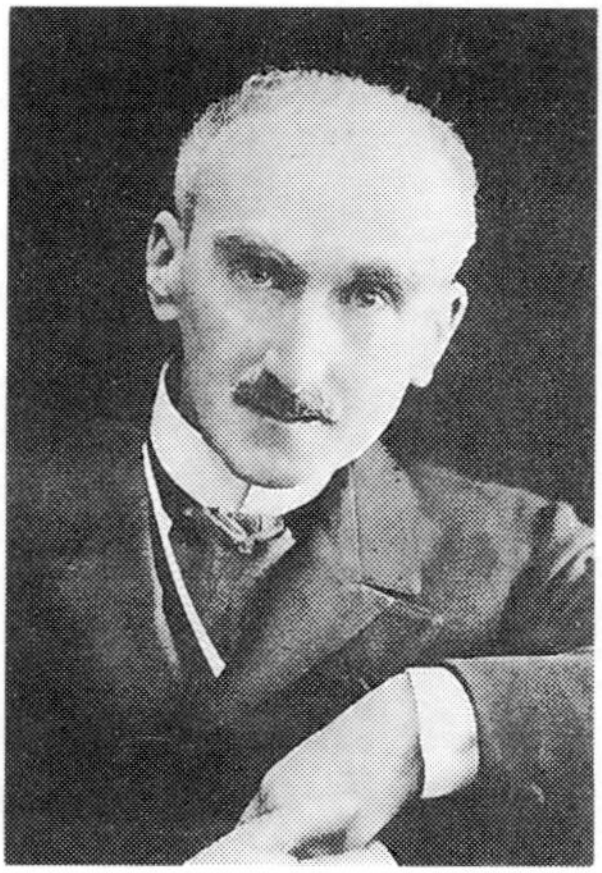

ベルクソン

> ヒュームの理論の直接的な独創性は、間接情念と直接情念とを二元性として提示したところにあり、また、一方から他方を理解したり生じさせたりせずに、この二元性から、情念一般の研究方法をすら作りあげたところにある。(ES第六章)

普通、自然の原理として考えるならば、自我抜きに生じる情念が、ある合成のメカニズムによって自我の情念に自動的に変化するといいたいところである。それは、自然のなかに見いだされるものを基体として、あとはその展開として説明するという自然実在論の立場である。ドゥルーズがヒュームを評価するのは、自然を見いだす能力もひとつの自然であることを考慮し、見いだされた自然に特権を与えずに、両者を平等に規定する原理を考えようとした点にあった。

自然に還元されないそのような原理は、ある種の二元論であるが、プラトン的観念論やヘーゲルの弁証法、すなわち観念の叡智的世界の反映や実現として現実世界を見いだすような二元論ではない。「もっと一般的に見れば、知性と情念の方こそ、単純なひとつの運動の分解、その分割の所産ではなかったか」(ES第六章同箇所)と、ドゥルーズは述べる。

すなわち、ヒュームに見いだされる二元論は、二元論を含むような一元論とでもいうべきものであった。ヒュームの原理は、まず現実のなかに二つの系列を、異なっていて相互に還元できないものとして見いだしながら、その系列を同時に出現させてくるような「生成の過程」について説明しようとする原理なのである。そのなかでしか、知性と情念の対立は理解できないのであるが、このことが、つぎに『ベルクソニズム（邦訳名は「ベルクソンの哲学」）』で展開される「差異化」に関する論点となるであろう。

二、ベルクソンとニーチェ

ベルクソン哲学における本性的差異の概念

『経験論と主観性』を執筆したすぐあと、一九五四年に、ドゥルーズは「ベルクソン友の会」で講演をしている。その演題は「ベルクソンにおける差異の概念」というものであったという。ここにおいて、早くもかれは、将来において自分を位置づけることになる「差異の哲学」における差異の概念を、ベルクソン哲学を通じて、すでに獲得しているのである。

ドゥルーズは、その講演のなかで、「ベルクソンがかれに先立つ哲学者に浴びせる本質的な非難とは、真の本性的差異を見届けなかったということである」（『差異について』青土社）というふうに、ベルクソンを紹介する。

ヒューム論において引き出されてきた二元論には、異なっているものが互いにいずれかに還元され得ないような差異のあり方を、積極的に見いだそうとする点に重要性があった。ベルクソンはまさしく、「真の本性的差異を知らない点に、偽《にせ》の問題とわれわれを圧倒する幻想のすべての起源が見いだされる」（B第一章）と主張している。何らかの共通の尺度では測り知れない差異がある。ベルクソンが「本性的差異」と呼んだこの種の差異を、尺度によって測られる「段階的差異」と区別して理解しなければならない。

人間経験は、さまざまな要素が混合したものとして与えられるが、それを分析するにあたって、近代の科学も形而上学も、その混合的経験を、恣意的に分解して共通する要素の量の差で説明したり、全面的に対立するような単純な観念を発明して、その観念とは異なったもの（完全性において劣ったもの）として説明しようとしてきた。だが、もし段階的な差異を前提し、対象を、分解し得る最小の要素から成り立つとみなすならば、ふたつの対象はその組み合わせの差異によるということになり、経験された差異は見かけ上のもの、錯覚ということになってしまう。つまり、段階的差異というのは、差異があるという経験が、それ以外の同一の要素（数）の倍数でおきかえられるということであり、そこには本性的には対立するだけの根拠がなかったということになってしまうのである。

ベルクソンにとって、共通の要素を見いだすことができないような真の差異の経験、すなわち本性的差異を見いだすことが問題であった。ひとは差異というものを、相対立するもののあいだにある性質のように考えているが、差異を純粋に理解するためには、どうしてそれらが相対立するとみなされたのかと考えなおさなければならないであろう。

ベルクソニズム　ベルクソンは、以上のような観点にたって、本性的差異と段階的差異の区別から発するさまざまな二元論を提示した。すなわち、時間と空間・質と量・記憶と物質・本能と知性等々の二元論である。ところが、ベルクソニズムへの批判は、一般に、これらの二元論をどう調停するのかということに関わってくる。対立するこれらの項はどんな関係にあり、それがどのようにして認識されるのか。

その批判に答えて、ベルクソンは、時間と空間の対立のしたに、純粋な時間と空間化された時間の対立があると述べている。空間のなかで計測される時間が、われわれの具体的経験をかえって理解しがたいものにする。空間こそ、永遠性の雰囲気のなかですべての対象を並置して見せて、それらの関係を画定しさえすればよいと思いこませるような「偽の問題と幻想の源泉」である。それに対し、逆に空間をも可能にしている時間性というものがあって、時間と空間は、同じひとつの時間性（持続）のうちの「緊張と弛緩」にほかならないというのである。このようにして、さまざまな二元論に対する「純粋持続」の一元論が提示され、われわれはこれを直観することができるとされたのである。

だが、「直観」という曖昧な体験をもって、どうやって真理や実在を基礎づけられるのだろうか。直観される持続は、記憶としてすべての過去を含みながら膨らんでいくものとされるが、そのような説明は、何かを明晰にすることに関してどんな意味があるだろうか。ひとびとは、そこにベルクソニズムにおける神秘主義の匂いを嗅ぎとる。

しかしながら、ベルクソンのいう「純粋持続」は、すべてを一者に還元してしまうような等質なものの一元論ではなく、多様なものが現われてくるような一元論であると、ドゥルーズは解する。というのも、ベルクソンは、差異を生みだすものとして持続を理解していると考えるからである。

任意に選ばれる異なった対象は、前提において、なにがしかの選択肢とすることができるという意味での同一性を有しているが、真に異なっている二つの対象は、この同一性を打ち消すような差異によって相互に異なるものとなったところのものである。問題となる対象と真に異なっているものは、その対象と無関係なものであることはできず、それ自身にまさに「異なっている」という関係をもっている。そのような差異の関係は、潜在的に同根であったところのものが分化して、相互にそれ自身に対して異なるようになったというような関係でなければならない。そうした関係を生みだすものこそ「差異化」の作用なのであり、ベルクソンが「純粋持続」と呼んでいたものの運動である。そのような生成の論理のなかで、論理的には最初に、また差異化の系譜においては最後に決定的に異なっているのが、本性的差異と段階的差異であったというわけである。

ベルクソンは、持続における緊張と弛緩とによって、すべてを説明できるとした。われわれに偽の問題を提示する空間的知性も、持続の弛緩として理解することができる。というのも、空間そのものと、すべてを空間的に捉える知性とは、差異化によって、分身のようにして同時に生じてきたものだからである。とすれば、ベルクソンのいう直観とは、同一的な一者・超越者のなかに溶融して、一切を同時に体験するといったような神秘的な経験のことではない。知性に対決して持続を直観するということは、生成するもののそれぞれについて、その結果において異なるものを、生成のさなかで捉えるというような意味になるのである。

ドゥルーズは、このベルクソン的直観をひとつの哲学的方法として、明晰さを獲得する複合的過程として解釈しようとする。この直観は、われわれの経験に生得的に備わっている単一の能力ではなくて、哲学的に鍛えられて可能になる経験の拡大であり、差異化されてくるところのものをみずから把握しようとする研《と》ぎすまされた経験であると解するのである。

カント批判と目的論

ベルクソニズムは、ドゥルーズにとって、こののちもずっと重要であり続けるが、ヒューム論のもうひとりの関係者であるカントの哲学に話を移そう。

ドゥルーズは、『カントの批判哲学』は「敵について書いた書物である」といういい方をしているが、また、かれがカントを偉大な思想家として認めているのも確かである。このアンビヴァレンツは、理性に対するドゥルーズのアンビヴァレンツを示している。すなわち、理性を否定することが問題なのではなく、「過度に合理的な言説に対する」批判が問題なのである。

カントがドゥルーズから見て過剰な理性主義者であるにせよ、このような主張は、実はカント自身のものでもある。それゆえ、『カントの批判哲学』の結論部分はこうなる。

> カントにおける諸能力の理説の独創性はつぎの点に存する。つまり、それらの能力の上位形態は、決して人間の有限性から切り離されたものでもないし、それら相互の本性的差異を抹消するものでもないという点に存するのである。（PK結論、傍点筆者）

カントは表象の種類に応じて、理性・悟性・想像力という諸能力を定義し、それらの能力が独自の現われ方をする仕方を上位形態として描きだそうとした。通常の経験がそれらの混合物であるのに対し、学問的認識や道徳法則や芸術作品において、それらの能力がはっきりと姿を現わすとするのである。

ドゥルーズがカントを評価するのは、それらの能力が純粋なものとして出現したり、そのうちのひとつが他のすべての能力を支配するとしたりはせずに、結局はそれら上位形態も、諸能力の調和（総合）として示されているという点においてである。カントもある程度、差異の真の意味を知っており、理性によってすべてが統合されてしまうとは考えなかったというわけである。

では、カントはなぜ、それにもかかわらず、学問的認識や道徳法則や芸術作品を普遍的なものとして示し得ると考えたのだろうか。いいかえると、どのようにして諸能力の混合からその調和（総合）が、すなわち混沌から秩序が生成し得ると考えたのだろうか。

カント

> 『判断力批判』が、超越論的観点に対応し、立法の観念と完全に両立するような目的性の新理論を提供したということこそ、本質的なことである。この課題が果たされるのは、もはや目的性が神学的原理をもつのではなく、むしろ神学こそ人間的な目的的根拠をもつものとなるかぎりにおいてである。（PK結論）

諸能力の調和には目的論的観点が含まれている。超越的な目的が与えられるから秩序が生じるのである。だが、カントは原因と結果をそれぞれ別の対象において考えて、その結果を支配するものとして外的に目的を捉えているのではない。かれは目的なるものを、同一物の諸部分がそれらの形態ならびに結合において生みだす全体性として捉えているというのである。その内的有機的目的論は、自然と人間とを創造した神といった観念を必要とせずに、人間経験に、超越的なものについて考えることを許すのである。

逆に神を前提した場合、人間経験は完全に対する不完全、無限に対する有限として規定される。超越的なものは、定義から時間や場所に特定されないはずなのだから、限定という否定的な作用を被らずには経験のうちに現われることができない。超越的なものとは、経験の有限性を自覚するときに現われるものである。ところが、カントの目的論によって、否定というものが、限定においてではなく、対立において理解されるようになる（B第二章）。つまり、相互に対立している人間経験の多様性が、総合によって否定され、乗り超えられるその仕方に、超越的なものが見いだされるようになるのである。

その意味において、ドゥルーズはカントを思想史的に偉大であると評価する。しかしながら、そのような目的論であろうとも、存在の論理に拠るかぎり、まだ克服されなければならない。ヒューム論ですでに見たように、多様性は単に乗り超えられてしまうものでもないし、そうすべきでもないからである。その問題は、続いて『ニーチェと哲学』という著書において展開されることになる。

断片的で文学的なニーチェ思想を、首尾一貫した哲学として示そうとした『ニーチェと哲学』は、ニーチェ研究者のあいだでは評価の分かれる書物であるかもしれない。

カントからニーチェへ

ニーチェ思想の核心にある「力への意志」「永遠回帰」「超人」「ニヒリズム」「価値の転倒」といった諸概念を解き明かしさえすれば、何であれ、一個のニーチェ論ができあがる。問題は、ニーチェ思想のインパクトをどう受けとめ、それをどのように明晰にするかということである。

通常のドイツ観念論哲学の歴史は、カントからどのようにしてヘーゲルに進むかという方向で記述される。それに対し、ドゥルーズは、むしろニーチェをカントの延長におくことによって、そこにヘーゲルと対決するための思想史的なてこを見いだそうとする。すなわち、ニーチェは、カント哲学を、よりラディカルに押し進めた思想家だというのである。

ニーチェは、意味と価値の哲学が、批判でなければならないということを決して隠さなかった。カントは価値の用語で問題をたてることを知らなかったがゆえに、真の批判に達し得なかった。そのことが、ニーチェの作品の主要な原動力のひとつでさえある。(NP第一章1)

カントは、理性の基準を設定するという意味で、批判主義を確立した。カントは、「純然たる認識」の可能性を画定するような基準の設定(=批判)を行おうとする。価値は事実を曇らせるものとして現われるが、かれは価値から事実を分離して、事実を画定できるということを疑わないのである。しかし、ニーチェによると、そのことこそひとつの価値を前提している。事実と呼ばれているものは、それ自体ひとつの価値にほかならないのである。

そもそもひとが何かを批評（批判）するときは、その対象に価値を見いだすその同じ行為で、評価基準としての価値を設定してもいる。たとえば、あるものが優れているかどうか考えるとき、優れているとはどのようなことかも同時に考えているのである。どんな基準も、その基準を与える価値抜きにはあり得ないというのが、ニーチェの考えである。ところがカントは、その意味での価値を、すでに存在するものとして批判を進める。


カントは批判を、認識や真理のあらゆるうぬぼれ（拡大適用）に対決するはずの力であると考えたが、それは認識そのもの、真理そのものに対決するものではなかった。また、この力は道徳のあらゆるうぬぼれに対決するはずであるが、道徳そのものに対決するものではなかった。そのときから、全体的批判は妥協の政治に転回する。（NP第三章8）

かつてヒュームは、当為（なすべきこと）の理由を存在（あること）から引き出してはならないと警告し、カントこそがその警告を引き受けたはずだったが、ドゥルーズは、ここでそれをもっと深い意味で引き受けなおしている。すなわち、存在の理由をもまた当為から引き出してはならないのである。学問や道徳や芸術という諸能力の上位形態を目指すべきであるそのときに、真理や善や美といったそれらの価値の存在を、「目指している」という理由によって無条件に前提すべきではないのである。

それゆえ、ドゥルーズによれば、「批判」における真の問題は、絶対的な価値を生みだす源泉と、それを不可能にしている諸条件とを明らかにすることでなければならない。それらは、ニーチェの文脈においては、前者が「永遠回帰」に、後者が「ニヒリズム」にあたる。それらをこそ、明確に区別して(批判して)、ニヒリズムを構成する「ルサンチマン(怨念)」や「やましさ」から、永遠回帰のもとにある「運命愛」や「超人」へと向かう道筋を素描しなければならないということになるであろう。

『ニーチェと哲学』

ドゥルーズによると、ニーチェ思想においては、「力への意志」が、ニヒリズムと永遠回帰の双方を理解させる中心的概念となる。力への意志については、力を意志するような主体がその力をふるうと想定されることによって、力と意志が別々なものと理解されても不思議はないであろう。ところが、それこそがニヒリズムの原理なのである。

ニヒリズムにおいては、力の効果(結果)を意志から分離して、力がその効果の可能性として措定される。たとえば、だれかを殺そうとして弓を引き絞るということは、矢がだれかの胸を貫くことの可能性であるとされる。その結果、主体は、力をふるったりふるわなかったりすることができる存在として考えられるようになるのである。

ニーチェの観点からすると、力が発揮されるところにこそ出来事が起こって、たとえそれが殺人であったとしても、現実を変え、価値が生みだされるのであるから、その絶対的な意味で「よい(価値がある)」はずなのに、ニヒリズムにおいてはそれが逆転してしまう。すなわち、「力をふるったおまえが悪かった、それゆえに(それをしなかった)私はよい」ということにされてしまう(NP

ニーチェ

第四章5)。真の力の反作用によって、力の効果が生じるのを抑制して力と主体とを分離する「無への意志」(NP第二章12)、何かをしないでいようとする意志が発生するのである。その結果、「よさ」は、しなかった段階に応じた相対的なもの、ベルクソン的にいえば段階的差異に規定されるものとなり、それを実現する「無への意志」こそ「よい」主体の条件であるとされて、そこに道徳がはじまるのだという。道徳とは、何らかの価値を生みだして状況を変えることがないように、相互に監視しあうこころの働きである。

こうした抑制によって生れてくるものは、力から分離された力の効果としての表象、すなわち意識(感情的なもの)と記憶(忘却能力の衰微)であり、ヒュームの場合と同様、心理的なものというよりは、人間のこころそのものである。表象は、概して現実を統合的に反映するものとされるが、ドゥルーズにいわせれば、そもそも生きられた現実とは、統合されない無数の力(感情)の衝突にほかならない。ところが、表象は生の現実を、理想的統合からすると劣ったもの、否定されるものとして呈示することになる。「無への意志」とは、認識によるそうした生の支配の原理であり、それが近代の形而上学なのである。

ニーチェによる価値批判とは、まさにこうした近代形而上学の道徳性を暴露し、真にわれわれがなすべきことを指示しようとするものであった。ニーチェは、それらのニヒリズムの諸現象を「批判」することによって、力と効果が分離していない、純然たる「力への意志」という概念を形成する。ニーチェにとって真によい力は、心理的表象にとどまることなしに「諸帰結の果てにまで進んでいく」（NP第二章13）能動的な力、生成なのである。

その「力への意志」は、「永遠回帰」に基づく。ドゥルーズによると、そもそも、意志とは力によって生じさせられるものであり、それがまた力を意志するのであるから、そこには、まさに循環がある。循環という同一物の生成にこそ、「永遠回帰」の真の意味がある。「力への意志」によって生成するものは、たえずそれ以前のものを乗り超えていく価値の創造であるが、そうとすれば、「力への意志」とは、自己自身との差異（本性的差異）を享楽しながら多様性を再生産するような総合であるということになるのである（NP第二章6）。

生成の倫理学

以上のようにしてドゥルーズが主題として取り上げてきたベルクソンとニーチェは、かつて「生の哲学者」として括《くく》られた思想家である。ここまでわたしはその、ヒュームからベルクソンとカントからニーチェというふたつの思想の流れを、平行したものとして説明してきた。その流れは、まずもって、主体性を通過する問題を巡るものであった。「主体性を通過する問題」とは、実存主義が主題にし、構造主義が無視しようとした「主体とは何であるか」という問ではない。真の人間主体（本来的自己）が存在するのかしないのかが問題なのではない。「私たちを毒しているのは、理論―実践という区分です」とドゥルーズは語る。近代形而上学は、主体を人間心理において規定しておいて、人間はまず事実として諸対象を認識できるとし、つぎにそれ以外のものとの関係において実践すべきことが決定できるはずだとしてきた。しかしながら、ドゥルーズによると、ヒュームとニーチェは、人間心理を主体に内属するものとしてではなく、自然と歴史のなかで、それらとともに生成してくるものとして捉えなおしている。自然と精神、理論と実践、認識と道徳は、決して蝶番で繋れた人間心理の二つの契機などではない。どの理論にも道徳的動機づけが浸透しており、どの道徳も理論で変装した権力が控えているのである。

理論と実践を分離する近代西欧的倫理、そうした人間主体の理論に対決して、五月革命のなかに「新しい主体性の産出」を見だそうとしていたドゥルーズが強調したのは、多数の力、多様な感情の多産な生成であった。

> ひとは感情と表象との混合のなかに位置して、感情が力であることを見ず、純粋な要素としての感情の本性を見ようとしない。実際には、感情はあらゆる表象に先行しており、それ自体で新しい観念を産出するものである。感情はいわゆる対象をもつのではなく、ただ動植物と全自然のさまざまな対象のうえに広がる本質をもっているのである。（B第五章、傍点筆者）

感情は対象の認識ではないからといって、思考されないものではない。むしろ、個々の対象よりも、多様な対象にまたがる感情こそが、思考の第一の動機でもあれば、主要なテーマでもある。感情のなかから、思考の対象が生成してくるというのである。

西欧近代においては、感情が秩序づけられるとするかそうでないかを巡って、またその肯定・否定との関係において、主体性が問題にされてきたといえよう。すなわち、一方で、主体性は無条件に前提されながら目的論によって秩序づけられるとされる（カント）が、それは感情の多様性を抑圧するためである。主体が感情の多様性のなかで生成するとしたら、外的な目的に適合するはずがないであろう。他方では、そうした主体性が感情の多産性のたんなる反映のようなものとされる（ベンタム）が、それは主体性の倫理的源泉を排除するためである。主体が必然的に存在するものではないとしたら、主体の道徳性を問に付す必要はないであろう。

しかしながら、これらのいずれの観点が正しいかが問題なのではなく、いずれにせよ、主体性は倫理的なものとしてしかあり得ないのであって、ここに近代的主体の生成とその差異化を見いだすべきなのである。すなわち、どうやって、どんな意味でわれわれは主体であり、そのときわれわれは何を問題にしているのかである。

差異化作用は、存在の分類（分割）とは全く別のものであって、生成の論理である。差異は、存在の分類においては平等なもので、主体が選択すべきものなのであるが、生成の論理においてはすでに「よいもの」と「悪いもの」の分化である（B第二章）。つまり、われわれの生きている時の流れのなかでは、いくつかの選択肢からひとつを選びとる「選択の自由」とか、あるいは先行して存在する目的との違いを確認し続ける「意志の自由」ということは生じ得ないのであって、われわれには、すでに生じてしまったものの経験の質において、それとは「異なったもの」をたえず捉えかえすしかない。われわれにできることは、主体としてその生成につきあうことであり、そこでは感情の多様性と多産性が抑圧されるものと反映するものに差異化して享受されるのであり、逆に、主体性の本質は、振り返らなければその途上で通りすぎられてしまうほどのものにすぎない。主体性の「ノイローゼ」はふりはらわれるべきのもの、通過されるべきものなのである。

それゆえ、存在を当為から引き出すべきではないように、当為を生成から切り離すべきではないであろう。ドゥルーズによると、ベルクソンの直観は、超越するものと超越されるものの分岐点に、みずから立つことを意味していた。それは、未来の可能性を現在の諸条件から予測し、私の同一性(アイデンティティ)を通じてこれに対処することの反対物である。すなわち、ベルクソン的直観とは、現実の本性的差異を維持しつつ、潜在的な点へと向かうさまざまな方向性を見いだそうとすることであり、それによって現にある生き方を乗り超えることなのであった。その意味は、到来するものを洞察し、みずからそれへと変身するために準備して待ち受けることである。

> ベルクソンにとって、非人間的なものと超人間的なものにわれわれを開くこと、人間的条件を超越すること、それが哲学の意味である。われわれの条件によって、われわれがうまく分析できない混合物のあいだで生き、われわれ自身がうまく分析されない混合物であるという刑に処せられているかぎりにおいて、それが哲学の意味なのである。(B第一章)

人間は自由の刑に処せられている(サルトル)のでも、意味の刑に処せられている(メルロ＝ポンティ)のでもない。ドゥルーズによると、われわれは存在へと差し向けられているのではなく、生成のさなかに通過されるものなのである。

三、表現の世界

シーニュ

ドゥルーズの議論のなかで、倫理学と同等に、もうひとつの重要性を占めている問題は、表現の問題である。それは、とりわけ文学芸術作品がことばで語られる以上のどのような意味をもち得るのかということに関わるのであるが、他方では、哲学が言語表現として成立するのだから、それがどのようにしてかということにも関わる。

この問題への最初のアプローチは、『プルーストとシーニュ』に現われてくる。一九六四年の初版に対し、かれは七〇年、さらに七六年と、二度にわたって論文を付け加えながら改訂しており、そこにこの書物に対する並々ならぬかれの思い入れが見て取れる。改訂の年代が『アンチ・エディプス』の執筆の時期にまたがっていることを考慮するならば、その執筆に平行して内容が吟味されていったことが想像されよう。

この書物で中心になる主題は、書名にも明らかなように、「シーニュ」である。シーニュとは、英語では「サイン」であり、「記号」とか「徴候」とか訳されるものである。これを、さしあたっては、矢印のように「そのもの自身において別のものを指し示すところのもの」とでも定義しておこう。とりわけ、記号という訳語で考えると、事物や思考を示すためにひとびとのあいだで取り決められたものと考えられよう。

ところが、たとえば黒雲が雨の「徴候」であるというようにもいえるのであるから、シーニュとは、自然現象も含めて、ひとが別の現象を推定するような事物一般のことでもある。シーニュは、ひとびとの取決めによってはじめて可能になるのではなく、個人的に規定し得るものであるともいえる。自分が対象として目指す自然的事物の特徴を、たとえば植物学者ふうにあるいは陶芸家ふうにというように形成したりもできるのである。ただし、そこで何が規定されるべきかということは必ずしも自由ではなく、気候などの自然現象を考えても分かるように、なにがしかの秩序があることが想定される。

それゆえ、文化的なものであれ自然的なものであれ、あらゆる事物はシーニュであり得るが、それが指し示すものがすべて取り決められているわけでも、知られているわけでもないというのが、われわれのおかれている状況である。しかも、どのシーニュをどのような意味のものとして見いだすかということは、自分がどんな社会集団や人間関係に属しているかに大いに関わりのあることに違いない。事物そのものと考えられているものも、科学者や哲学者の集団において約束されたシーニュにすぎないのである。

そこから、ドゥルーズが「シーニュ」という語で論じようとしているのは、つぎのようなことであると思われる。事物がシーニュという性格をもつこともあるということではなくて、見いだされるかぎりにおいてすべてはシーニュなのであり、ただそれが物質といわれることもあれば精神的なものともいわれながら、その中間のさまざまな段階を形成している。重要なことは、見いだされるものが、つねにシーニュの示すものとシーニュの素材との二重のものとしてあり得るということである。

ドゥルーズは、シーニュという概念を選ぶことによって、「イマージュ（イメージ）」を問題にしたベルクソンや、「知覚」を問題にしたメルロ＝ポンティとは異なった立場に立とうとしているかに見える。結局かれらが、事物と考えられているものが真には何であるのかというところから問題をたてているのに対し、ドゥルーズは、どのようにしてひとは事物と考えられているもののなかの特定のものに関わるのかという問題のたて方をしているのである。

シーニュの種類　ドゥルーズは、シーニュには種類があって、それぞれで物質や精神との関わりが異なっていると考える。それについては、かれ自身のまとめが、要約よりも適切であろうから、少し長くなるが引用することにしよう。ここでかれは、シーニュが捉えられる場として四つの区別をしている。すなわち、世間・愛・感覚・芸術である。

世間のシーニュは空虚であって、行動と思考の代わりをするものであり、行動と思考の意味としての価値があることを要求する。愛のシーニュは嘘つきである。愛のシーニュの意味は、そのシーニュが暴露するものと隠そうとするものとの矛盾のなかに捉えられる。感覚的シーニュは真実を語るが、そのなかには存続と虚無（存在と無）の対立が残っている。また、感覚的シーニュの意味はまだ物質的であって、ほかの事物に残存している。それに対し、ひとが芸術にまで到達するかぎりで、シーニュと意味の関係は、少しずつ近づいて親密なものとなる。芸術は、非物質的シーニュと精神的意味との究極的な美しい統一である。（PS第七章）

プルースト

まず、「世間のシーニュ」とは、いわゆることばの意味として、個々の対象を指すところのものである。ただし、どのような対象を主題にするかは無条件的ではなく、諸個人が属している社会集団によって異なる。すでに述べたように、事物そのものを問題とする科学者集団というものも考えられるであろう。

このような場においては、シーニュは無時間的に特定の同一物を示すとされるが、それはただ相互に通じあうことだけが重要であるところからくる。それゆえにこそ、それぞれのひとの行動や思考の内容は、実は空虚であると、ここでいわれているのである。

つぎに、「愛のシーニュ」とは、恋するひとが相手に見いだす個性的な仕草や振舞いや言動のことである。ひとは、集団のなかに紛れている一個の異性をみずから選びだしたと考えているのだが、それは実は偶然にすぎない。愛のシーニュは、相手がすぐれた価値を隠しもっているという嘘をつくシーニュなのであるという。

問題は、恋に落ちるひとが相手に見いだすその価値とは何のことかということであるが、それは

「感覚的シーニュ」である。「感覚的シーニュ」は、無意志的な想起によって生じてくる。プルーストの『失われたときを求めて』（新潮社）における有名なマドレーヌの逸話があるが、たとえばあるお菓子を食べて、そのお菓子を食べていた頃の自分の生活が、ある音楽を聴いて、その音楽が流行していた頃の自分の生活が懐かしくよみがえってくるというような経験のことである。その喜びや驚きの源泉は、思いだされた過去の快そのものに由来するのではなくて、過去が復活してくることとそれ自体にあると、ドゥルーズは説明する。こうした経験が、瞬間的に人間経験の本質的価値をかいま見させるからだというのである。

人間経験のその本質を表現するものこそ、「芸術のシーニュ」である。

芸術はわれわれに真の統一を与える。つまり、非物質的なシーニュと、全く精神的な意味の統一である。本質とはまさに、芸術作品において示されるようなシーニュ（記号）と意味のこの統一にほかならない。……生活に対する芸術の優位性はつぎの点にある。すなわち、われわれが生活のなかで出会うすべてのシーニュはまだ物質的なシーニュであり、またそれらのシーニュの意味は、つねに別のもののなかに存在するので、完全に精神的なものではないという点にである。（PS第四章）

なるほど、芸術も、音や色や動作といった素材を必要とするが、その素材が表現すべきものの記号となっているのではなくて、素材をつぎつぎと置き換えていくことによってもたらされる差異の多数性・多様性が、時間（持続）の爆発的な開始（生成）を再現する。そこに、精神の純然たる現われ、「人間経験の本質」があるというのである。芸術は、そのような点で、すべてのひとに開かれているわけではなく、修得されなければならないとされるのである。

以上から、シーニュの概念を、より広く捉えなおさなければならないということになるであろう。ひとは、愛・感覚・芸術という各段階に応じて、シーニュの独特の様相、時間（持続）を含みこんだ、より深いあり方にふれる。シーニュが無時間的な対象の純然たる指示作用であるのは、「世間のシーニュ」の場合だけである。ひとは、シーニュは素材とそれが指し示す意味の二重性から成り立っていると考えるが、シーニュの素材の物質性が問題になるのは、かれがおかれている社会的な場によるのだと、ドゥルーズは指摘している。人間経験の本質（精神）が、社会的人間関係に近づくにつれて差異化され、生活のさまざまなシーニュに次第に半透明な物質性が附与されて、二重のものとして出現してくるのである。

ナンセンスと道徳

さしあたってわれわれは、芸術家としてではなく、社会的人間関係のなかで生活しており、シーニュは、ことばを語っている世界のなかで現われてくる。シーニュの意味は、そこでは、語られるもののなかに存する。ところで、『意味の論理学』という書物は、「見えるもの」の次元に対する「語るべきこと」の次元について論じた書物である。ドゥルーズは、この書物において、世間において語られるものの側から、その仕組を明らかにしようとしている。

ことばにおいてシーニュを成立させているものは、相互に通じあうということだった。通じあうように語るためには、正しく語る条件を与えるものとして、文法や論理が必要であると考えられよう。また、とりわけ「正しく」語るには、ことばによって条件づけられない事物ないし精神の世界との結びつきが必要であろう。そうでないにしても、少なくとも語られることの意味が真となる条件が存在するはずである。このようにして、正しく語られる条件を、これまで多くの哲学者が問題にしてきた。

ルイス・キャロル『鏡の国のアリス』さし絵

だが、ドゥルーズは、そうしたことが議論されるのも、何かが語られているにもかかわらず、正しくないとされる語り方が現になされ得るからだということを強調する。それが「ナンセンス」なのであるが、ここで注意すべきは、ナンセンスが「無意味」なのではなくて、意味があるけれども正しくないとされるもののことだということである。ルイス・キャロルが一連のアリスの物語のなかで試みているのは、このナンセンスのユーモラスな探究である。

ナンセンスは、通常、言い間違いや勘違い、事実の誤認や歪曲から生じてくると考えられる。だがその場合は、語ったひとの文脈や背景が知られれば、それらは必ずしもナンセンスというわけではなくなる。

しかし、純然たるナンセンスというものがあって、それはことばがことばに対して使用されるときに生じてくるものである。たとえば、『たらの目』という歌について考えてみよう。「歌の名は『たらの目』である」とだれかがいう。では、「歌は『たらの目』と呼ばれるのか」と、アリスなら尋ねるであろう。アリスの問は、ひとを混乱に陥れるに違いない。歌と呼ばれるのは、「音声を使ってメロディを生みだすやり方」のことである。その歌なるものには名があって、それが『たらの目』だということではないはずである。

「歌」はそれ自身が名であるとともに、歌という音声からなる事象を示している。ことばのシーニュにおいて、素材であることばと指示されるもの（意味）については、指示されるものもまたことばで表現され得るのだから、ことばのなかだけでは、その両者を区別する手立てがない。ところが、ことばの世界でしか語られないことは、あまりに多いのである。だから、たとえば「歌」は日本語なのである。こうした発想が、「ナンセンス」を生む。

なるほど、そんな発想をするひとは「おかしい」。つまり、ユーモア感覚のある面白いひとなのか、現実感覚が狂っている危ないひとなのかのいずれかである。しかし、このような発想による表現は、文法的に間違っているわけではないし、非論理的なのでもない。とすれば、逆にことばを正しく受取って、上のような発想をしないひとが、道徳的に「きまじめ」なひとだということになるのではないだろうか。

ひとは、手持ちの語彙を使って何でも自由に語り得るのではなく、「正しく語ること」の秩序に従ってしか、なかなか語り得ないのである。そして、その秩序は、真なるもの、ないし現実的なるものの秩序とされているが、時代とともにそれが変化していくのだとしたら、その秩序は基本的に文化的道徳的なものであるとドゥルーズは考える。

言語の世界

したがって、言語が成立する世界と、そのなかでの「正しく語られること（語るべきこと）」の秩序とを区別しておかなければならないであろう。これまでは、正しく語られたことばをのみ言語のモデルにしたために、この両者が混同されてきたのである。ドゥルーズによると、この後者の秩序を規定するのは、良識（bon sens=よい方向）と常識（common sense=共通感覚）である。

かれによると、良識という語は、命題の意味する一定の方向として、正しい解釈の仕方があることを示しているが、その裏返しとして、命題はその方向以外の方向でも理解され得ることが前提されている。他方、常識という語は、人びとに共通に感じられるものとして、その正しい方向によって見いだされる意味の一定の領域を示しているが、その裏返しとして、命題は多様な意味をもち得ることが前提される。

それらの方向や領域に対して「ナンセンス」と呼ばれるような別の方向、別の意味領域が存在し、それがしばしば良識や常識と混同されるということは、言語が正しく語られることの集合なのではなくて、まずもってその内部で照合しあいながら成立する自立した体系をもっているということである。

ひとは人間言語の本質を、音声の分節化や統辞法の確立や象徴機能によって定義しようとしてきたが、ドゥルーズによると、言語の本質は自己言及によって生じる「ナンセンス」というタイプの意味の出現によって規定される。あえてナンセンス（冗談）をも語れるようになったときに、幼児は言語能力を獲得したと知られるであろう。

言語の自立的世界が、「正しく語られること」以前に成立しているとすれば、ひとに正しく語らせようとする良識や常識を規定するものが、言語の世界に対して、超越的なものか内在的なものかということが問題になるであろう。

もしそれが超越的であるとしたら、われわれは命題が与える意味を経由せずに、真理なり現実なりの直接的経験をもつことができるはずである。正しく語るには、命題の連鎖を究極的にそこへと結びつけることである。もし内在的であるとしたら、良識や常識もことばによって語られたものであることになり、言語の世界は単に何かを指示したり表現するだけではなくて、語られるべきものを生みだす秩序を含んでいるはずである。かえって、良識や常識の存在が、その証拠であるということになる。

真なる命題を特定することのできるような超越的なものが存在すると考えられるには、二つの場合があり得る。すなわち、言語が事物そのものの世界を表現するか、観念（イデア）の世界を表現するかのいずれかである。

ところで、われわれが見るところのものは、純然たる事物そのものではなくて、その一定の射影であり、特定条件下の性質であるということは、かねてから論じられてきたことである。それを別な方向へさらに押し進めて、ドゥルーズは、われわれが見るところのものは「出来事」にほかならないという。

かれにとって、ベルクソンやメルロ＝ポンティが問題にしていたような「事物」は、もはや問題にならない。たとえ事物を見いだそうとしてなされる自然科学的実験であっても、その実験は出来事を問題にしているのである。そして、出来事は、自然科学が前提するように、事物の状態が原因となって因果的に引き起こされる結果としての現象なのではなく、あくまでも命題の与える意味にほかならないというのである。出来事の原因にあたるものも、事物の状態にではなく、命題のなかにある。それゆえ、言語の秩序を形成するものとして、「事物」は問題にならない。

とすれば、超越的なものは「イデア（観念）」などの普遍的実体なのであろうか。それに対して、ドゥルーズは、イデアは基本的に「皮肉」においてしか語られないではないかという。「ソクラテス的皮肉」と呼ばれるものがあるが、それはひとびとが素朴に信じこんでいることがらに対して「私は知らない」といって無知を装い、つぎつぎに逆説的な問を発し、相手の信念が「真なるもの」にのっとっていないことを示すものである。だが、そのことは、真なるものが普遍的実体として存在することを証明しているのではなく、それどころか、皮肉を通じてしか語られない以上、普遍的とされる実体が必然的に不在（欠如）においてしか成立しないということを示していると、ドゥルーズは断言する。

結局、われわれは「真ではない」とか「現実的ではない」といって、命題の特定の意味を退けていくのであるが、その根拠を尋ねられれば、それもまた命題によって答えるしかない。とすると、真であるもの、現実的なものは、ひとびとが肯定するもの、ひとびとにそう「見えるもの」にすぎないのではないか。そしてひとびとが見ようとしているものは、むしろ言語がその意味を表現しているにすぎない「出来事」なのではないのか、とドゥルーズは考える。

かくして、ドゥルーズは、言語がそもそも事物や観念を反映する道具や素材であるとする見方を退けて、言語はそれだけで独自の世界を作っているということ、そのなかで「正しく語ること」の秩序も内在的に生じてきているということを主張するのである。そして、かれは、良識という語り方や常識という公式的な諸命題が、われわれの語ることばを「正しいもの」として、道徳的に（社会的人間関係のなかで）規制しているだけだと考えたのである。

ところで、ひとが「語るべきこと」によって規定された「見えるもの」についてのみ語りあうのだとすれば、シーニュについて見いだしておいた二重性、すなわち「見るべきもの」（人間経験の本質）と「語るべきこと」の断絶は、克服しがたいものと考えられるであろう。人間経験の本質を目指しながら「語られること」（言語の自立的世界）一般を探究する哲学の営為は、一体どのようにして成り立つのであろうかという問題は、またあとでふれる。

（なお、ドゥルーズは、『意味の論理学』のなかで、物体的事物の状態と出来事の関係をストア派の論理を検討しながら、また出来事の成立する場面としての言語の地平が、物体の深層からいかにして発生してくるかを精神分析の論理を検討しながら論じている。しかしながら、かれ自身が断言するように、『アンチ・エディプス』以降、「奥行と表面（深層と表層）」という対立概念が破棄されることになる。そこに前期から後期への移行が窺われるのだが、それがどのような意味をもつのかについては、もはやドゥルーズ研究者の論ずべき課題であって、本書で扱うわけにはいかなかったことをお断わりしておく。）

四、差異の哲学

それでは最後に、ドゥルーズの形而上学について、『差異と反復』という書物を手がかりにして、解説することにしよう。

形而上学と哲学の歴史

この書物は、全編が、ニーチェみずからは展開してみせなかった「永遠回帰」という概念の解釈であるといってもいい趣《おもむき》もあるが、基本的には、それまでのドゥルーズの主張に決定的な哲学的立場を与えんとしたものである。これを解説することによって、これまで述べてきたドゥルーズ哲学が、哲学史的にどう位置づけられるかが理解されるはずである。

それにしても、そもそも「形而上学」ということばが、聞き慣れないかもしれない。形而上学は、「メタフィジックス」の訳語であって、原語もかわった由来をもつことばなのではあるが、簡単にいえば、フィジカル（自然的）なもののメタ（超えた）領域に関する学問であるということになる。

つまり、人間は自然に関してさまざまな知見をもつが、そうした自然が自然として成り立つ条件や原理がどのようなものであるかを規定している、自然を超えたものの領域についての学問であるといっていい。それは具体的には、真理とは何でありどのようにそれと認識されるのかとか、存在するとはどういうことかとか、哲学とは何かなどという問題を含んでいる。形而上学を廃棄すべきであるという立場の形而上学もあるくらいで、哲学を学ぶにあたって無視できない核心的な領域であると考えてもらいたい。

ところで、現代の哲学には、プラトン以来のすべての西欧の形而上学が誤りであったとして、これを全面的にやりなおさなければならないと考える思想家もいる。ドゥルーズ自身についていえば、かれは形而上学を廃棄すべきであるとは考えていないし、これまでのところから推察できるように、西欧の形而上学を全面的に否定したりはしていない。だが、そのことは、かれが形而上学に関して独自の立場をもっていないという意味ではない。

それどころではない。『差異と反復』のなかで、ドゥルーズは、みずからの立場を「差異の哲学」と呼び、古代からこの立場にあった哲学者の系譜を描きつつ、その論理を精妙なものにしようとしている。それゆえ、かれの形而上学を明らかにするということは、「差異の哲学」とは何か、それは他の哲学と、どのような点で決定的に対立しているのかということを説明するということになるであろう。

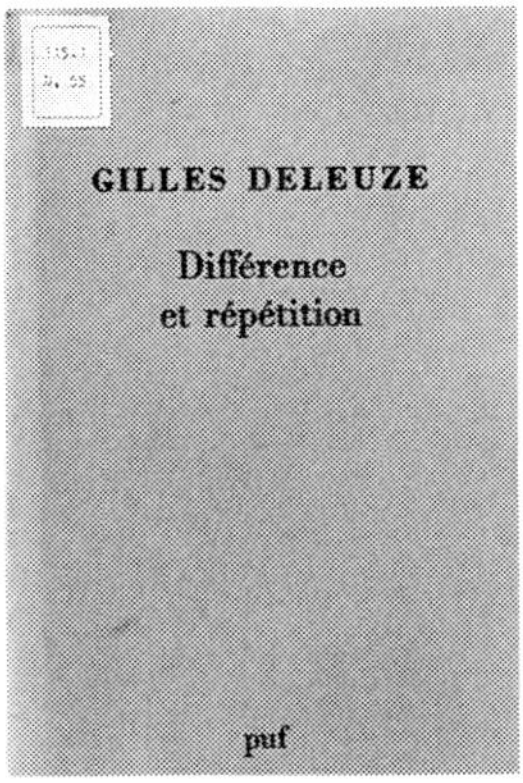

『差異と反復』

ドゥルーズが描きだす「差異の哲学」の系譜は、パルメニデスからスピノザ、ベルクソン、ニーチェという流れを形成する。もっとも、名前を上げられたひとびとの思想が、全面的に「差異の哲学」であるかというと、そうでもなくて、それに寄与しているということである。批判されるのは、プラトンからデカルト、カント、ヘーゲルといったいわゆる観念論的合理主義の系譜であるが、こちらも同様に、（ヘーゲルを除いては）その思想のすべてが否定されるわけではない。

　要するに、ドゥルーズは、いわば、哲学史のなかに隠れていた「差異の哲学」の系譜を新たに描きだすことによって、西欧哲学の歴史を全面的に評価しなおそうという大きな野心をもっているということである。

表象の世界

　では、この「差異の哲学」とは何かであるが、「差異の哲学は、表象の世界において差異をすくいだすことを旨《むね》とする」（DR第一章1）と、『差異と反復』のはじめの方で、ドゥルーズは宣言している。

　表象（représentation）とは、［re］という繰返しを意味する接頭辞に現われているように、再現前という意味でもある。経験そのものの現前を、「正しい」仕方で秩序づけなおしたものである。われわれの世界は、ことばによって説明され、図や表や数式によって説明されて、それらがわれわれの経験のなかで正しいものとそうでないものを区別する基準となっているとされる。その説明の体系を、ドゥルーズは「表象の世界」と呼ぶ。

　だが実は、この表象の世界が完全なものではないということは、だれしも感づいていることであろう。たとえば、身近な知覚のなかでも、奥行は図にされれば前面になってしまって、完全には説明され得ないし、ましてや自分の死や他者の心は、根本的に説明を超えているのである。説明を不可能にするこの問題は、近代哲学史においては、無限小や無限大をどう取扱うかという問題であった。パスカルは、そこに人間存在の有限性を見いだしたし、カントは無限性と有限性を二律背反として、哲学の限界を見いだした。

それに対して、ドゥルーズの解釈によると、まずライプニッツの微分法によって無限小が克服され、ついでヘーゲルの弁証法のなかで、「矛盾」という概念によって無限大が克服されたということである。矛盾というのは、最も隔たった対立という意味で無限大の差異なのである。

ヘーゲルは、「現実的なものは合理的（理性的）なものである」という命題によって、真理は各時代において部分的な段階にとどまることを認めるにせよ、その段階においてすら真理に関係しているという絶対的な感情を伴わせることができた。つまり、無限大はいまは矛盾によって自己の経験から隔てられているが、だからといって経験が無限大から切り離されているわけではないという判断が可能になるのである。このようにして、一九世紀には、表象の世界は、ありとあらゆるものを説明のなかに導入することができるという確信を伴うに至ったのである。

ところで、哲学は、元来「知への愛」という意味であって、必ずしも、「すべてを説明する原理」についての学問というわけではない。その哲学の歴史のなかで、表象の世界が構築されはじめるのは、正式にはアリストテレスの論理学からであるが、プラトンがそれを準備したとドゥルーズは考えている。

プラトンは、周知のごとく、イデア（観念）という、経験から超越した存在（真実在）の概念によって、われわれの経験をそのコピーとして把握させ、この世界の真なる秩序を理解させようとした哲学者である。ドゥルーズは、それに対し、むしろプラトンは、われわれの経験を、観念のコピーであるものとそうでないものとに区別したことになると指摘する（DR第二章6）。われわれの経験の方からすると、区別しているのは観念とそのコピーではなく、観念を想起し得る対象とそうでない対象とだというわけである。

観念のコピーでないものは、無秩序なもの、ちぐはぐなもの、空想（幻想）的なものであるが、ドゥルーズはそれを「シミュラークル」と呼ぶ。そして、プラトンがそのシミュラークルから観念のコピーを区別しようとするのは、もっぱら「道徳的な潔癖さから」（DR結論1）であって、そこに、知性が（イデアとして）説明するもの（認識）によって善悪（実践）が決定されるというような点で、表象の世界の萌芽があると考えるのである。

他方、近代哲学を確立したデカルトは、「良識（理性）は公平に分有されている」と述べ、コギト（我思う）によってそれを正しく導くことができるとした。良識（bon sens）とは、「良い方向」という意味であった。そのことは、空想（幻想）におけるシミュラークルの戯れという「悪い方向」を避けることを意味しているが、具体的には、感覚されるものの空隙を埋めて、いっさいを分割できるもののなかで活用することであった。「活用する」とは、予見できないものから予見できるものの方向へと進むことを意味しており、予見するための認識作用を前提していた。

認識作用とは、ドゥルーズによると、人間の諸能力を対象と調和させて対象に同一性を見いだすこと、それと同時に、それを世間のひとびとの意見と調和させて人間主体の同一性を実現することである。それは、要するに常識（共通感覚）のことであった。デカルトの良識は、事実上において世間で公平に分有されるような根拠をもってはいない。そのような意味で、デカルトの理論は、カントによる認識の超越論的（経験を超えたものと経験との関係に関する）モデルを必要としていたのであり、カントはすでに見たような仕方で、常識を根拠づけることに、一応成功したのである。

詳細は省いたが、以上のような経過をたどって、ヘーゲルにおいて、表象の世界が完成するとされる。そこにおいて、ドゥルーズがいわんとすることは、表象の世界は、決して道徳的動機づけから免れて、完全な世界の姿を呈示したりしているのではなくて、かえって一定の道徳的な源泉をもってわれわれが見させられているものであるということである。

われわれは、「正しい見方」というもの（見えるもの）を教えこまれているのである。ただそれは、洗脳とかイデオロギーというよりも、もっと根本的であって、もっと理由のあるものである。たとえば、われわれの世界が幻想かもしれないと考えることができるのも、それに対して真の表象があるとする、表象の世界の論理に従っているのである。

反復について

表象の世界に典型的に基礎づけられているのが、自然科学である。自然科学の原理は、一般性である。たとえば、実験は、特定の環境条件のもとで、証明されるべきある現象が生起することを目指している。環境条件を特定するのは、一般性を確立するためであって、われわれの日常生活のようにたまたまうまくいったかどうかが問題ではないからである。それゆえ、実験は一回でも成功といえるが、同時に追試験され得るものである。また、環境条件を分割して、それに適当な数値を当てて、さまざまな実験を繰り返すことができる。それは数という一般性を使って、紙上でも確認することができる。こうした反復可能性が一般性を確立しているのである。

だが、「反復」なるものについて、もっと注意深くあることをドゥルーズは要求する。われわれの日常経験において、「同じことが起こった」とか「同じことをした」というとき、その同じこと（同一性）は正確なものであろうか。たとえば一枚の紙を半分に折るようにいわれ、それを繰り返す（反復する）ようにいわれたとき、数回ないし数十回で、紙が小さすぎて、もはや折れなくなってしまう。同じことを繰り返せば、初期条件をそのつど復活させないかぎり、能力の限界（無限小や無限大）に達してしまうのである。

完全に同一の初期条件をそのつど作りだそうとするのがまさに「実験」なのであるが、それは、具体的経験のなかでは限りなく同一に近づくということでしかない。同一に近づかなければならないという以上、繰り返すのは同一物ではないのである。逆に、われわれの経験はいつも異なっているが、むしろ、それが何であるか気づく（意識する）かぎりにおいて、基本的にその何かの反復であるともいえる。たとえ、あえて違ったことをしようとするにしても、何を違えるかという同じことについて反復しているともいえるのである。そこから、日常的ないい方としては奇妙であるが、一般に、反復するものは、正確には同一物ではない。「反復が同一物の反復であるのは、反復が終ってから、多数の事例に適用されるものとして見いだされるからである」（DR結論1）。そして、このことを表象の世界において理論化したものが自然科学だったのである。

ドゥルーズは、表象の世界には、「常識として行き渡っている概念の同一性」、「感じられるものを修正して得られる知覚の類似性」、「肯定否定の形に限定する述語の対立性」、「個々のものを一列に並べて規定する判断の類比性（アナロジー）」という四つの契機があると分析している。そのうちのいずれが原理になるということもなく、相互に規定しあいながら、一般性としての反復を、法則とか規範として作りだしているというのである。そこでは、どんな現象も、あるもの（同一的概念）が対象として（類似的知覚）ある程度（類比的尺度において）生じるか否か（対立的命題）という具合に、「反復」として規定されることになるであろう。

差異について

なるほど、われわれの経験には、多数の反復が見いだされる。人間には習慣や記憶や欲望があり、対象の側には事物の種類や事物相互の因果性や自然の周期が、社会生活には法律や道徳がある。それに対比されるのは、歴史的一回性とか独創的投企などである。とりわけ実存主義が、これらの意義を強調したのである。それは、物質的機械的秩序に対して精神的なものの権利があるということであろう。

ドゥルーズは、こうした主張を否定するわけではないが、そのように対立させて考えることが、すでに表象の世界に属しているという点に注意を喚起する。「物質的反復」というものがあり、それが同一物の反復、表象の世界の典型的反復であるが、人間主体の同一性（アイデンティティ）、つまり思考する我と思考された自我の一致の経験といえども、そのような反復のおかげで可能になるのである。そのような主体が、どうして物質的反復に対抗できようか。

したがって、単に歴史的一回性を物質的反復に対立させればよいというものではない。もし歴史的一回性が、物質的反復のなかに、思考する我の確立を待つまでもなく、すでに潜在的に含まれているのでなければ、精神的なものの権利を主張する意味はないであろう。

ドゥルーズは、逆に、われわれの経験は、どれもなにがしか一回的で独創的なのであり、それでいて反復であるがゆえに、表象の世界が可能にもなっているのだと考える。一般性による物質的反復の方が、われわれの経験から特殊に設立された表象の世界においてこそ成立する。それゆえ、表象の世界に捉えられて物質的反復となる以前の真の意味での反復とは何のことかを、まず明らかにすべきなのである。ドゥルーズは、差異とは何かを論じるなかで、それを探究していく。

物質は、通常、「反復するもの」というよりは、それぞれが相互に段階的差異のあるものとして理解されている。それは、回数や場合といった「数」で区別される事例において成立する。たとえば、照明という同一物における蛍光灯と電球の差異のように、さまざまな数量的基準によってその違いを比較することができる。そのような差異は、同一とされる類似したもののあいだにある差異であって、同一物のより高度な状態からの一定の乖離、照明ならば理想的発光体からのずれを示している。それゆえ、そこでは、差異は存在しないことが理想とされているのであって、差異とは、理想的世界を堕落させ、秩序を混沌へと転覆させるものの指標ということになる。

それに対し、すでに見たように、ベルクソンは、段階的差異に対する本性的差異の重要性を説いていた。だが、本性的差異を強調するだけでは不十分である。二種類の差異の違いを指摘することは、差異という点で類似している二つのものの違いを考えているのだから、それもまた表象の世界のもとにあるのではないか、本性的差異といえども、一定の分類に従う以上は、同じ表象の世界の論理に従うことになるであろうと考えられるからである。それゆえ、ドゥルーズが、ベルクソンを乗り超えつつ問題にするのは、差異の唯一の真の意味として、本性的差異と段階的差異のあいだにある差異、真の差異とはどのようなものかということである。

そのような差異とは、本性的差異を見いだすために、それを段階的差異から区別しようとする際の差異である。ドゥルーズは、まさに、そこにこそ真の差異、純粋な差異が見いだされると考える。かれは、差異の哲学とは、差異をすくいだす哲学だと述べていた。差異とは奇妙な概念である。差異は、表象の世界では否定的なものとして、肯定的なものにつきまとう余分なものとしてしか思考されない。「差異が思考されるようになるのは、表象の四重の枷《かせ》（四つの契機）にまるめこまれてでしかない」（DR結論1）。

しかしながら、差異は単なる二つの類似物のあいだの違い、否定的な関係についての概念ではない。差異は、確かに経験される。それは、あえて表現するならば、根源的には、「暗闇に光る閃光のようにして、区別されたものが区別されないものに対してもつ」(DR第一章1)関係なのである。それが、混沌から生じてくる秩序の核となるのである。

プラトン的観念のドゥルーズ的意味　差異とは区別が生じることである。われわれの経験にとっては、そこに「個体的なるもの」が現われる。個体は決して種には属さないとドゥルーズはいうが、そのわけは、そのような個体性は、その本性から分離されておらず、いまだ分類されず測量されていないからである。個体として経験されるものが表象の世界に入り、種に属するようになるまえには、それは真の差異が示す「特異的なもの」の端的な具体化以外の何物でもないからである。個体なるものは、たとえば知覚においては、それが存在する奥行のなかからたち現われてくるが、その存在は、知覚できないその奥行に依存している。あるいは、それが生命体であるならば、その成長においてつぎつぎと生じる特異性によって、その内的環境を外的環境になされる操作に参加させ、個体的なものをつぎつぎと展開してみせるような類の存在である。

いずれの場合にも、奥行や内的環境といった空隙や闇が控えているのである。特異性とは、一般に規則や法則に従わないことを意味するのであるが、ドゥルーズによると、それは歴史的一回性や独創的投企のように、平凡な日常のなかに突然現われてくるものとして特異なのではなくて、平凡な日常を構成する個々のものを形成する反復の核として特異なのである。空隙や闇のなかに特異性がきらめくとき、それが個体の経験であり、表象の世界に命題として組み込まれれば、それが平凡

プラトン

な日常となるのである。ドゥルーズは、特異性と日常性を、対比すべきものとしてではなく、同じひとつのものの「差異化」として捉えているのである。

では、その特異性を、われわれはどのように経験するのか。われわれの現実の周囲は「むずむずさせる可能性」（DR第五章6）が縁どっており、もしわれわれがそこに向けて一瞬、問いかけの行為を送りだすならば、そのとき「差異の閃光が走る」と、ドゥルーズは述べる。そこに、個体の経験を巡る「孤独で神聖なゲーム」がはじまるという（DR結論3）。

それは、人間的集団的ゲームのことではない。いわゆるゲームは、仮説（蓋然性の命題）をたてて、その一回ごとに仮設に関する損得（成功と失敗）を割り振ることによって、偶然を断片的なものとしてしまう。この断片を特殊なものと考えることによって一般性が成立するのである。それに対して、「孤独で神聖なゲーム」は、すべての回についてのただ一度として、偶然に任せて賽を一振りすることだというのである。

> すべてのヤマの移動の力とともに、観念の天空のなかに星座—問題を形成する閃きとしての命令点とともに、賽は天空に投げあげられる。それを投げるように導いた勝利者の解決の力でもって、賽は大地にはねかえる。（DR結論3）

これはニーチェの「永遠回帰」の解釈であるが、そこにドゥルーズのいう反復の真の意味が表現されている。それは、問題の構造としての「観念」が、われわれのもとに「解決」という形をとって現われてくることの反復である。それが反復であるのは、問題という特異的なものが、それ自身が出現した場のなかにつぎつぎと異なった姿をとって現われなおしながら、現実のなかに解決の「ドラマ」を展開するからである。その一投は賽を投げる方からするとただ一度であるが、その一度のなかに観念の展開の継続的反復が含意されているのである。

ドゥルーズによると、ある意味で、観念とは「思考することを強いるもの」であり、経験の真の意味での出会いである。命題によってなされるわれわれの問も、それは観念に対する命令となって反響し、その反作用によって、観念の方がわれわれに考えることを押しつけてくるようになる。観念が、「個体化」と「差異化」と「ドラマ化」を通じて、われわれの現実のもとに解決の事例として還ってくるというのである。それが、すでに指摘しておいた「出来事」のことである。

このようにして、ドゥルーズは、プラトン哲学を表象の世界からすくいだそうとしているともいえる。「観念」とは、経験に現われるコピーのオリジナルとしての、同一的な実体のことではない。概念が命題のなかで措定される同一的なものであるのに対し、観念の本質は、決して命題に還元されず、命題を変形し賦活する多数的なものであるという点に存するのである。

アリストテレスは、プラトンを批判して、白よりも白いもの（観念）とは何のことかと述べたが、かれはただそれを理解できなかっただけである。白よりも白いものとは、あらゆる色を含む絶対的な白、最も明るい白であって影すらもなく、われわれはそれを見ることができないし、見たとしても何であるか分からない。それは純粋に潜在的なものであるが、無差異なものではなく、相互に無数に異なっていることによって成り立っている差異の体系であると、ドゥルーズはいう。これがみずから差異化（分化）して、それぞれの色として現われてくるかぎりにおいて、われわれの色の経験が成り立つのである。

したがってドゥルーズの考えている「観念」は、経験を超えているが経験のなかで独特の仕方で与えられるものである。かれは、あらゆる対象は、潜在的なもの（観念）と現実的なもの（現象）という、相互に類似していない半分ずつ（分身）からなると述べる。それは、表象の世界において考えられるような、可能的なものと実在的なものではない。潜在的な観念は、それ自身実在的なものなのであって、それは対象が個体として現われるかぎりにおいて、種と部分、質と延長として差異化しながら、表象の世界へと現実化してくるところのものなのである。

このようにして、ドゥルーズはプラトニズムを解釈しなおし、自身の哲学を西欧形而上学の伝統のなかに位置づけたのである。（なお、『アンチ・エディプス』においては、この形而上学は、つぎのように適用されていると考えられよう。すなわち、表象の世界で「可能性」を問題にして、現実の諸条件の合成によって行動を決定しようとすればするほど、ひとはファシズムや流行現象に走る。それに対して、ノマディズムとは、観念の潜在性に身を委ねることである。）

むすび――出来事の哲学、出来事としての哲学

以上を通じて明らかになってきたドゥルーズ主義の哲学とは、どのようなものであろうか。ドゥルーズにとって、哲学とは何であり、何をなし得るのであろうか。

哲学の言語

観念が潜在的に存在するということを現象の側から捉えなおすと、現象が一般にシーニュであるということである。第三節で見たように、シーニュは、他のシーニュとの（段階的）差異を説明することを通じ、あたかもそれがただひとつの意味をもつかのようにされて、われわれに現実の常識なるものを押しつける。因果性といわれるものも、シーニュが「信号」として、一様の意味しかもち得ないように拘束されていることにすぎない。

しかしながら、ドゥルーズは、シーニュとは本来「ちぐはぐさが交流しながら閃光を発するもの」（DR第五章）であると主張する。その意味は、シーニュが万人にとっての共通のものでありながら、各人の受け取りようで、より深いもの、より高いものを導くことができるということである。シーニュは、それがもっている他のシーニュに対する（本性的）差異を通じて、それが含意している潜在的な秩序（観念）へとひとを送り返すのである。

さて、言語も典型的なシーニュであることを考えれば、言語表現を、単なる現実のコピーとは考

えがたくなるであろう。すなわち、言語は現実の常識を表現すると同時に、観念の潜在的内容を現実化するという点で別の現実を表現しているのであり、そのために現実の常識に反することをいう権能を有し、その結果として「嘘をつく能力」でもあるのである。

ところが、表象の世界では、言語は命題へと整えられて生活の文脈をはずされ、真理を意味に、誤謬をナンセンスに帰されてしまう。命題は、良識によって、その意味の経験可能性に応じて真偽が与えられると考えられたりする。そして、「真理を語ること」は、「きまじめに語ること」、良識に従って常識を語るということになってしまう。それでは、真理を探究するひとが望むところのまさに反対物であろう。

真理を探究するひとにとっての問題は、可能性のある経験の種類や、経験の現実性の条件を列挙することではなく、出来事からくる問いかけとその解決の展開の仕方なのである。出来事は、現在のなかにある過去の証拠や未来の予兆といった「見えるもの」の継起によって生じるのではない。もしそうだとすれば、すべてはその継起に従って推移していくばかりで、ひとは何ごとにも動かされず、何ものにも自分を賭けることはないだろう。ドゥルーズ主義の哲学がいわんとするのは、つぎのようなことである。

ひとは、出来事や行為を自然と文化の合成物と解して、これを実践の条件とする。しかし、自然として認識されるものは文化的構築物にほかならないし、文化として理解されるべきものは、意識することの条件を含んでいるのだから、意識されるものを原理的に越えている。したがって、認識主観が要請する客観性は、実践とは何の関係もない。自然や文化といった客観的なものの秩序は、認識論的主観性の虚構と同様、表象として捉えられた、いわば出来事の残骸にすぎないのであって、表象それ自身は、何も生みだす力をもたないのである。

それに対し、生成しつつある出来事は、表象の世界においては比較を絶していながら、これこそがわれわれの行為にとって、もっとも重大なものであり続ける。出来事のこの次元は、自然や文化によって説明される、それらとは別の一次元などではなく、真にわれわれが見ようとしており、また見るべきところの次元なのである。

出来事の真の秩序（次元）は、それぞれの出来事をただ一度のものとしながら反復するところにある。われわれは出来事のことを、そのつど、「同じことが繰り返される」とか、「空前絶後」だとかいうのであるが、それらは同じ本性をもっている。出来事はわれわれの不意をつくところに本性があり、われわれの行為の本性は、出来事の意味を通じて偶然性に身を託すことなのである。人間の問は、だからこそ、出来事の条件ではなく、出来事そのものへと向かわなければならないと、ドゥルーズは考えているのである。

出来事と幻想

ドゥルーズによると、出来事それ自身は、どの時点どの地点も同じ資格で同一法則に従うような抽象的な事柄ではなく、法則を無視する具体的な「特異点」である。それは、われわれの行為においては、いわゆる「ヤマ」のことである。「ヤマをはる」などというが、ヤマとは、「見えるもの」ではなくて、まさに「見るべきもの」なのである。それゆえ、ヤマを発見させる幻想の力を、見なおすべきであるといわれるのである。表象の世界において規定されるような、出来事の法則や行為の規範があるのではない。出来事はまた幻想されるものでもあって、行為は偶発的な出来事を、幻想を通じて、どこまで追いかけていくことができるかということにかかっている。それが、思考の真の意味なのである。

幻想は、形象的なものから抽象的なものへと進む。幻想は形象的なものからはじまるが、抽象的なもののなかで追いかけられるしかない。幻想は、非物体的なものが構成される過程であり、ちょっとした思考を引出す機械である。（LS第31系）

幻想というと、ひとは白日夢のようなものをイメージするかもしれない。だが、幻想が個人的で非現実的なものになるのは、道徳によってである。幻想が人間経験の本質に迫らないときには、それは、フロイトが分析したような退行を示し、性的で個人的なものとして、また現実には属さないものとしての姿を現わす。

危険なのは、明らかに幻想が跳びあがることができず、跳躍をしそこなうたびに、最も貧困な思考、性的なもの「についての」白日夢の子供騙しの堂々巡りに突入することである。それに対し、幻想の輝ける道は、プルーストが示したところのものである。（LS第31系）

フロイトは、退行やその他の防衛機制を克服して「昇華」すべきであると説いている。それは、理性という人間精神の能力についての新たな解釈である。ドゥルーズは、すでに見てきたように、そうした意味の理性が、結局は社会的常識に従う良識的態度にすぎないことを指摘した。かれは、『アンチ・エディプス』においても、理性を否定して欲望をとるべきだと主張しているのではないし、まして理性の存在や意義を否定しているのでもない。近代の理性概念が、欲望に含まれる肝腎なものを取逃してしまうばかりか、それを抑圧しようとする方向で働くのだといいたかったのである。

理性か非理性かではなく、いずれにもまたがる経験のなかでの繊細で緻密な分析が重要である。幻想はすべて退行なのではなく、退行ではない幻想があり、それは芸術の具体的な駆動力である。つぎの箇所で、プルーストにとっての「人間経験の本質」は、「純粋な出来事」と呼びなおされている。

幻想は能動や受動を表象しているのではなく、能動と受動の結果、すなわち純粋な出来事を表象する。どのような出来事が現実的で、どのような出来事が想像的かという問は成り立たない。想像的なものと現実的なもののあいだに区別があるのではなく、そのような出来事とその出来事を引き起こすか、そのなかで有効となる物体的事物の状態のあいだに区別がある。（LS第30系）

幻想それ自身は、出来事の始原的な生成を示しており、幻想する主体にとっては、出来事に一体化するかぎりにおいて、能動的なものでも受動的なものでもない。出来事が幻想であるということは、幻想が主体の能動的作用でない以上、主体の思い通りになるということではなく、幻想が主体の受動的作用でない以上、主体と無関係に現われてくるわけではない。出来事が展開していくあり方は、そこに主体が関わるかぎりにおいて成り立つ独特の内容が期待されるような物語である。これを捉える精神こそが問題なのである。

超越論的経験論

ではそのとき、哲学の意味はどこにあるのか。「ヴィスディクシオン」という語ですでに紹介したが、ドゥルーズは、「哲学の表現は良識ではなく、パラドックスであり、パラドックスは哲学のパトス、哲学の情念」(DR第五章2)であると述べる。パラドックスを語ることは、ことば遊び(ゲーム)をすることではない。真か偽かということは、命題のうちにあるのではなく、まさにわれわれが命題の意味としての出来事を問うときに口にすることばである。それゆえ、真理を語るためにわれわれがなし得ることは、良識の反対の方向に進むこと、非常識なことばを語ることだということになる。そのことが、正しく語る秩序としての道徳を成立させている権力を暴露することであり、道徳に従っている自分自身を変身させることだからである。『アンチ・エディプス』の表現が独特な理由も、ここにあったのである。真の倫理学においては、語ることとなされることとが(ニーチェ流にいえば力とその効果が)、一致するのではなく、区別され得ないのである。

「現代の世界はシミュラークルの世界である」(DR序)と、ドゥルーズは述べる。そのことは、真理探究としての哲学を不可能にするという意味ではない。観念と現象の関係は、オリジナルとコピーの関係ではなく、同一性・類似性・対立性・類比性ではない。「意味とは、真なるものの発生ないし生産である」（DR第3章）と、ドゥルーズはいう。それが「真の」差異によって関係づけられるならば、人間経験の本質を通じて、真なるものの生成として、われわれは「意味の生産」に立会うことができるからである。

> いま、慶ぶべきことに、意味は決して原理や起源ではなく、生産されるものだというよいニュースが流れている。意味は、発見すべきもの、復興すべきもの、再使用すべきものではなく、新しい機械装置によって生産すべきものなのである。（LS第11系）

たとえば、芸術家は、日常生活のさまざまな反復、機械的反復や習慣的反復といったステレオタイプの闇に対して、それらとの差異の閃光を引き出すような反復を行う。革命家はといえば、平凡な世間の日常的社交性に対してこそ、革命を行うのである。同様にして、哲学者は、「超越論的経験論（観念の経験論）」に到達すべきであるといわれるであろう。というのも、経験論とは常識の探究であるが、ドゥルーズによると、哲学者は、そのただなかに常識とは無関係なものの現出、観念の超越性の現われを見いださなければならないのだからである。

> 哲学者と夢見るひとは、世界という卵の個体化を、想像のなかで学ばなければならない。想像こそ、領域、次元、水準を貫き、隔壁を打ち砕き、世界に共拡張してわれわれの身体を導き、われわれの魂に生気を吹込み、たえず夢から科学へと、またその逆にと進む幼虫的意識として、自然と精神の統一を学ぶのである。（DR第四章）

何かが真であるということは、出来事の意味を作りだすのに力を貸すということであり、みずからが出来事の原因の位置に身を置くことである。良識と常識に従うよりも、ナンセンスを怖れずに幻想（想像）を見つつそれを追いつめていくこと、幻想そのものの構造にまで到達して、もっとも究極的な意味を発生させること、それがドゥルーズの哲学であり、本章の冒頭で述べたドゥルーズ的意味での「実践」だったのであるに違いない。

それは考えられるだけであり、しかもナンセンスとして考えられるだけである。しかし、確かにそれは思考そのものの現実である。……思考のなかにしか存在せず、芸術作品以外の結果をもたないゲームは、それによって思考と芸術が現実的なものとなり、世界の現実と道徳と経済とを揺り動かすのである。（LS第10系）

出来事は、語られる命題のなかでは不毛で中立で無感動であるが、それが幻想のなかでは生成の力をもち、現実を揺り動かす。このことが、われわれの経験のなかで最大のパラドックスである。だが、そのパラドックスは、哲学的ないし芸術的実践としての幻想によって乗り超えられてしかるべきものである。すなわち、「見えるもの」を「語るべきこと」とする近代西欧的倫理ではなく、「語られるもの」を通じて「見るべきもの」（意味）へと進む実践である。このとき、哲学は、それ自身もまた出来事でなければならないということになるのではあるまいか。

ドゥルーズの独創性について

すでに十分明らかなように、ドゥルーズが思想史的研究からはじめた理由は、かれに独創性がなくて、ほかの哲学者の探究した概念や問題に借りる必要があったからではなかった。それどころか、これまでの解説ではっきりしたように、どの書物にも現われるかれの主題なり動機なりは、明確すぎるほどで、ワンパターンといってもいいくらいである。

どんな思考の説明にも自分の花押を押しつけるということを独創性と呼ぶのであるならば、その意味で、ドゥルーズは実に独創的な哲学者である。それゆえ、ドゥルーズが思想史的研究からはじめた理由は、かれ自身の思想内容に関わる理由と同じくらいに、時代の方にもあるといえるのではないだろうか。

近代の哲学者たちは、いきなり自分の体系を展開することが許されていた。それは、かれらの読者が、いわば「学者共同体」のようなものに限定されていて、その寛容さに向かって話しかけさえすればよかったからである。才能さえあれば、それが受け容れられてきたのである。

しかしながら、ドゥルーズは、プルーストの口を借りて、こう述べている。

　哲学者のなかには、「友人」が存在する。プルーストが、哲学にも友情にも、同じ批判を差し向けるのは重要なことである。友人たちは、お互いに、ものやことばの意味について意見があう善意のひとたちとして存在する。かれらは、共通の善意の効果のもとでコミュニケーションする。（PS結論）

第一章の終わりでふれたが、現代はまさにそうした共同体すらも崩壊しつつある時代である。共同体は膨脹して専門分化し、その境界はジャーナリズムと混淆している。そこで通用する体系があるとすれば、それはせいぜい過不足なく理解されるような折衷的な体系でしかないであろう。だからこそ、ドゥルーズは、かれの「体系」について述べようとした『差異と反復』の序において、わざわざ「ずっと以前からなされているようにして哲学書を書くことが、ほとんど不可能であろう時代が近づいている」と断っている。

かれの教養と博識は驚嘆すべきものだと、ガタリが何度も述べている。しかし、過去の哲学者たちと同様の才能に恵まれているにしても、それをただ展開したのでは、今日ではかえって受け容れられないということが予想される。エリートどうしで理解しあった顔をする共同体の欺瞞にも、大衆に気持ちのよいことばを投げかけるジャーナリズムの偽善にもつきあわないで、時代の哲学を展開することは、いかにして可能だったろうか。

それゆえ、かれにははじめは思想史的研究という、地道な読み手が確実に存在する領域が必要だったわけだし、さらにガタリという、かれの背中を一押しすることのできる才人が必要だったということなのではないだろうか。それが、ようやく『アンチ・エディプス』において、「哲学的出来事」として結実したということなのである。

このようなドゥルーズ哲学の独創性を、十分明快に展開してみせるほどの力量がわたしにあったかどうか分からない。かれの哲学のなかに、わたしはどうしても旧き佳き時代の哲学者たちの伝統を見いだしてしまうのである。しかし、そのような意味も含めて、ドゥルーズは、この時代の最後の哲学者だったということであるのかもしれない。

おわりに

わたしはこの書物を、読者が実際のテキストを読みたくなるというそのことを目指して書いてきました。わたしは、解説しているというよりは、ひとりの読者としてドゥルーズを読んで、「何が分からなかったか」を、順々に分かりやすいと思える筋で述べていったというくらいのつもりです。ですから、実際にドゥルーズを読んでみたら、わたしが嘘ばかりついていたということになるかもしれません。いや、わたしとて、少なくとも間違いはないようにと思って述べてきたのですが、思想には、これこそが本当の著者の思想だということが無意味になるような何かがあるのです。思想は、特定の読者によって摑《つかま》えられることに意味があるのであって、万人のまえに公式化できるようなものではありません。

だからといって、何と読んでも読者の自由なのだというつもりではありません。思想は、一旦その書物の頁から眼を離すと、読者の頭のなかでできままに踊りはじめ、ひとり歩きをするようになります。そうした思考を、思想そのものだと理解していると、思想の肝腎なものを取り逃してしまうことになるでしょう。

われわれは、たえず思考を、なんであれ思想と呼ばれるものにぶつけなおす必要があるのです。

たとえ書物の頁を開かないにしても、思想は無限の問いかけなおしであり、対話なのです。思想は、かつてモンテーニュも述べていますが、われわれが少なくともことばを通じて同じひとつの世界に住んでおり、書物を通じて出会うことができるのだということを確認し続ける作業なのです。

そのようなわけで、わたしは、この書物を通じて読者に出会えたことに感謝するとともに、どうかドゥルーズを読んでみてごらんなさいと申しあげたいと思います。

以下に、ドゥルーズの主要著作の一覧と参考文献を示しておきます。冒頭括弧のなかの略号は、文中第Ⅲ章で引用した際のものです。

Ⅰ　**著書**（翻訳書名は全訳のものだけ）

Hume, sa vie, son œuvre avec un exposé de sa philosophie, en collaboration avec André Cresson, P.U.F., 1952.
　合田正人訳『ヒューム』　筑摩書房　二〇〇〇年（文庫にも収録）

Instincts et institutions, Hachette, 1953.
　加賀野井秀一訳『ドゥルーズ初期』　夏目書房　一九九八年

〔ES〕Empirisme et subjectivité: Essai sur la nature humaine selon Hume, P.U.F., 1953.
　木田元・財津理訳『ヒューム、あるいは人間的自然――経験論と主体性』　朝日出版社　一九八〇年
　木田元・財津理訳『経験論と主体性』（新装改訳版）　河出書房新社　二〇〇〇年

〔NP〕Nietzsche et la philosophie, P.U.F., 1962.
　足立和浩訳『ニーチェと哲学』国文社　一九七四年（文庫にも収録）
〔PK〕La philosophie critique de Kant, P.U.F., 1963.
　中島盛夫訳『カントの批判哲学』法政大学出版局　一九八四年（文庫にも収録）
〔PS〕Marcel Proust et les signes (3me édition 1976), P.U.F., 1964.
　宇波彰訳『プルーストとシーニュ』法政大学出版局　一九七四年
Nietzsche, P.U.F., 1965.
　湯浅博雄訳『ニーチェ』朝日出版社　一九八五年（文庫にも収録）
〔B〕Le Bergsonisme, P.U.F., 1966.
　宇波彰訳『ベルクソンの哲学』法政大学出版局　一九七四年
Présentation de Sacher-Masoch, Minuit, 1967.
　蓮實重彦訳『マゾッホとサド』晶文社　一九七三年
Spinoza et le problème de l'expression, Minuit, 1968.
　工藤喜作・小柴康子・小谷晴勇訳『スピノザと表現の問題』法政大学出版局　一九九一年
〔DR〕Différence et répétition, P.U.F., 1968.
　財津理訳『差異と反復』河出書房新社　一九九二年（文庫にも収録）
〔LS〕Logique du sens, Minuit, 1969.
　宇波彰訳『意味の論理学』法政大学出版局　一九八七年（文庫にも収録）
L'Anti-Œdipe : Capitalisme et schizophrénie 1, en collaboration avec F. Guattari, Minuit, 1972.

市倉宏祐訳『アンチ・オイディプス』　河出書房新社　一九八六年（文庫にも収録）

Un nouvel archiviste, Fata Morgana, 1972.
　蓮實重彦訳『フーコーそして／あるいはドゥルーズ』　小沢書店　一九七五年

Kafka : Pour une littérature mineure, en collaboration avec F.Guattari, Minuit, 1975.
　宇波彰訳『カフカ——マイナー文学のために』　法政大学出版局　一九七六年

Rhizome : Introduction, en collaboration avec F.Guattari, Minuit, 1975.
　豊崎光一訳『リゾーム』　エピステーメー臨時増刊号　朝日出版社　一九七七年

Dialogues, en collaboration avec Claire Parnet, Flammarion, 1977.
　田村毅訳『ドゥルーズの思想』　大修館書店　一九八〇年

Superpositions, en collaboration avec Carmelo Bene, Minuit, 1978.
　江口修訳『重合』　法政大学出版局　一九九六年

Politique et psychanalyse, en collaboration avec F.Guattari, Mots Perdus, 1978.
　杉村昌昭訳『政治と精神分析』　法政大学出版局　一九九四年

Mille Plateaux : Capitalisme et schizophrénie 2, en collaboration avec F.Guattari, Minuit, 1980.
　宇野邦一・小沢秋広・田中敏彦・豊崎光一・宮林寛・守中高明訳『千のプラトー』　河出書房新社　一九九四年

Spinoza : La philosophie pratique, Minuit, 1981.
　鈴木雅大訳『スピノザ——実践の哲学』　平凡社　一九九四年

Francis Bacon : Logique de la sensation, Différence, 1981.

山県熙訳『感覚の論理――画家フランシス・ベーコン論』法政大学出版局　二〇〇四年
Cinéma1 : L'Image-mouvement, Minuit, 1983.
財津理・齋藤範訳『シネマ１＊運動イメージ』法政大学出版局　二〇〇八年
Cinéma2 : L'Image-temps, Minuit, 1985.
宇野邦一・江澤健一郎・岡村民夫訳『シネマ２＊時間イメージ』法政大学出版局　二〇〇六年
Foucault, Minuit, 1986.
宇野邦一訳『フーコー』河出書房新社　一九八七年
Périclès et Verdi : La philosophie de François Shâtelet, Minuit, 1988.
丹生谷貴志訳「ペリクレスとヴェルディ――フランソワ・シャトレの哲学」（宇野邦一編『ドゥルーズ横断』河出書房新社）一九九四年
Le pli : Leibniz et le baroque, Minuit, 1988.
宇野邦一訳『襞――ライプニッツとバロック』河出書房新社　一九九八年
Pourparlers, Minuit, 1990.
宮林寛訳『記号と事件』河出書房新社　一九九二年（文庫にも収録）
Qu'est-ce que la philosophie?, en collaboration avec F.Guattari, Minuit, 1992.
財津理訳『哲学とは何か』河出書房新社　一九九七年
Critique et clinique, Minuit, 1993.
守中高明・鈴木雅大訳『批評と臨床』河出書房新社　二〇〇二年

II　参考文献（ドゥルーズを巡る現代フランス思想の全体像を掴《つか》みたいひとに）

ミッシェル＝アントワーヌ・ビュルニエ／篠田浩一郎訳『実存主義と政治』紀伊國屋書店　一九六八年
ジャン＝リュック・シャルモー／加藤晴久訳『現代フランスの思想』大修館書店　一九八一年
ヴァンサン・デコンブ／高橋允昭訳『知の最前線』ＴＢＳブリタニカ　一九八三年
市倉宏祐『現代フランス思想への誘い』岩波書店　一九八六年
マイケル・ハート／田代真・井上摂・浅野俊哉・暮沢剛巳訳『ドゥルーズの哲学』法政大学出版局　一九九六年

ドゥルーズ関連年表

西暦	おもな出来事およびドゥルーズの著作	思想家たちの著作
一八八三	マルクス没（一八一八〜）	ニーチェ『ツァラトゥストラはかく語りき』
八五		マルクス『資本論』第二巻
八六		ニーチェ『善悪の彼岸』
八七		ニーチェ『道徳の系譜学』
八九		ベルクソン『意識に直接与えられたものの試論』
九四		マルクス『資本論』第三巻
九五	エンゲルス没（一八二〇〜）	
九八	ルイス・キャロル没（一八三二〜）	
一九〇〇	ニーチェ没（一八四四〜）	フロイト『夢判断』
〇二		レーニン『何をなすべきか』
〇五	ロシア「血の日曜日事件」	
〇七		ベルクソン『創造的進化』
〇九		レーニン『唯物論と経験批判論』
一〇		フロイト『精神分析入門』
一二		フロイト『トーテムとタブー』

年	事項	著作
一九一三		ヤスパース『一般精神病理学』
一四	第一次世界大戦はじまる	
一五		フロイト『本能とその運命』『無意識』
一六		レーニン『資本主義の最高段階としての帝国主義』
一七	ロシア革命	レーニン『国家と革命』
一八	第一次世界大戦おわる	
一九	パリ講和会議	ベルクソン『精神のエネルギー』
二〇	国際連盟成立／ファシスタ党成立	
二二	プルースト没（一八七一～）	ベルクソン『持続と同時性』／ルカーチ『歴史と階級意識』
二五	ドゥルーズ、パリに生まれる	
二六		マリノフスキー『未開社会における犯罪と慣習』
二七		ハイデガー『存在と時間』／ライヒ『オルガスムスの機能』
二八		マリノフスキー『未開人の性生活』
二九	世界大恐慌	
三〇		ジャンケレヴィッチ『ベルクソン』
三一		ヤスパース『現代の精神的状況』
三二		ベルクソン『道徳と宗教の二源泉』
三三	ドイツでナチス政権が成立	ライヒ『ファシズムの大衆心理』『性格分析』
三五		ヤスパース『理性と実存』
三六	スペイン内戦	サルトル『想像力の問題』

年	事項	著作
一九三七	盧溝橋事件	毛沢東『実践論』『矛盾論』
三九	第二次世界大戦はじまる／フロイト没（一八五六〜）	
四〇	フランス、ドイツに降伏	
四一	ベルクソン没（一八五九〜）	フロム『自由からの逃走』
四二		メルロ＝ポンティ『行動の構造』／カミュ『シジフォスの神話』
四三		サルトル『存在と無』
四五	第二次世界大戦おわる	メルロ＝ポンティ『知覚の現象学』
四六	国際連合、第一回総会	サルトル『唯物論と革命』／アラゴン『共産主義的人間』
四七		コジェーヴ『ヘーゲル読解入門』／レヴィナス『実存から実存者へ』
四八		メルロ＝ポンティ『意味と無意味』／ルカーチ『実存主義かマルクス主義か』『若きヘーゲル』／レヴィナス『時間と他者』
四九		レヴィ＝ストロース『親族の基本構造』／ボーヴォアール『第二の性』／レヴィナス『フッサールとハイデガー』
五〇	朝鮮戦争勃発	ハイデガー『森の道』／モース『社会学と人類学』
五一		カミュ『反抗的人間』
五二		レヴィ＝ストロース『人種と歴史』

一九五三	朝鮮戦争休戦／『経験論と主観性』	バルト『零度のエクリチュール』
五四		ルカーチ『理性の破壊』／フーコー『精神疾患と心理学』
五五		メルロ＝ポンティ『弁証法の冒険』／レヴィ＝ストロース『悲しき熱帯』
五六	スターリン批判／ハンガリー事件	ハイデガー『哲学とは何か』／マルクーゼ『エロスと文明』
五七		バルト『神話作用』
五八		レヴィ＝ストロース『構造人類学』
六〇		サルトル『弁証法的理性批判』
六一	メルロ＝ポンティ没（一九〇八～）学生運動はじまる	フーコー『狂気の歴史』／メルロ＝ポンティ『眼と精神』／ジラール『欲望の現象学』／レヴィナス『全体性と無限』
六二	『ニーチェと哲学』／キューバ危機	レヴィ＝ストロース『野生の思考』『今日のトーテミズム』
六三	『カントの批判哲学』	フーコー『臨床医学の誕生』／クロソウスキー『かくも不吉な欲望』／メルロ＝ポンティ『見えるものと見えないもの』
六四	『プルーストとシーニュ』	マルクーゼ『一次元的人間』
六五	アメリカ、北ベトナムを爆撃	フロム編『社会主義ヒューマニズム』／アルチュセール『資本論を読む』『甦るマルクス』／リクール『解釈について』
六六	中国、文化大革命	ラカン『エクリ』／フーコー『言葉と物』
六七	『マゾッホとサド』第三次中東戦争	デリダ『声と現象』『グラマトロジーについて』／バルト『モードの体系』／クロソウスキー『わが隣人サド』
六八	五月革命／チェコ事件／『スピノザと	フロム『希望の革命』／レヴィナス『タルムード四講話』

一九六九	表現の問題』『差異と反復』『意味の論理学』／人類初の月面着陸	フーコー『知の考古学』／アルチュセール『レーニンと哲学』／クリステヴァ『セメイオチケ』
七〇	ドゥルーズ、パリ第八大学教授に就任	モノー『偶然と必然』／バルト『表徴の帝国』『S／Z』
七一		リオタール『ディスクール・フィギュール』
七二	『アンチ・オイディプス』	マノーニ『フロイト』／ジラール『暴力と聖なるもの』／レヴィナス『他者のユマニスム』／デリダ『哲学の余白』
七三	ベトナム和平協定成立／第四次中東戦争／マルセル没（一八八九〜）	バルト『テキストの快楽』／アルチュセール『ジョン＝ルイスへの回答』
七四	ジャン・ヴァール没（一八八八〜）	アルチュセール『自己批判の基礎』／クリステヴァ『詩的言語の革命』／リオタール『リビドー的経済』
七五	『カフカ——マイナー文学のために』『リゾーム』	フーコー『監獄の誕生』／クリステヴァ『記号の横断』／リクール『生きた隠喩』
七六	第一次天安門事件	フーコー『性の歴史』1／アルチュセール『立場』
七七		ガタリ『分子革命』／クリステヴァ『ポリローグ』
七八		ジラール『世の初めから隠されていること』
七九	ソ連、アフガニスタン進駐	ガタリ『機械状無意識』／リオタール『ポストモダンの条件』／プリコジン『混沌からの秩序』
八〇	『ミル・プラトー』／サルトル没（一九〇五〜）／ロラン・バルト没（一九	クリステヴァ『恐怖の権力』／バルト『明るい部屋』

	一五〜）／イラン・イラク戦争	
一九八一	『スピノザ、実践哲学』『フランシス＝ベーコン、感覚の論理学』／ラカン没（一九〇一〜）	ラカン『精神病』／ジャンケレヴィッチ『道徳の逆説』
八三	『シネマ1――イマージュ運動』	リオタール『文の抗争』／リクール『時間と物語』
八四	フーコー没（一九二六〜）	リオタール『知識人の終焉』／クロソウスキー『類似性』／フーコー『性の歴史』2、3／クリステヴァ『隠喩の仕事』
八五	『シネマ2――イマージュ時間』	デリダ『視線の権利』／ガタリ&ネグリ『自由の新たなる空間』／クリステヴァ『初めに愛があった』
八六	『フーコー』／ボーヴォアール没（一九〇八〜）	リオタール『ポストモダン通信』／デリダ『身分』／ナンシー『無為の共同体』
八八	『ペリクレスとヴェルディ――フランソワ＝シャトレの哲学』『襞――ライプニッツとバロック』	リオタール『非人間的なるもの』／クリステヴァ『われわれ自身の異邦人』／ナンシー『自由の経験』
九〇	東西ドイツ統一／湾岸戦争／アルチュセール没（一九一八〜）	クリステヴァ『サムライ』
九一	ソビエト連邦解体	
九二	『哲学とは何か』／ガタリ没（一九三〇〜）	
九五	ドゥルーズ没	

さくいん

【人名】

【書　名】

【固有名】

ドゥルーズ■人と思想123　定価はカバーに表示

1994年２月25日　第１刷発行©
2016年８月25日　新装版第１刷発行©

・著　者　……………………………………船木《ふなき》　亨《とおる》
・発行者　……………………………………渡部　哲治
・印刷所　……………………………広研印刷株式会社
・発行所　…………………………株式会社　清水書院

〒102-0072　東京都千代田区飯田橋3-11-6
Tel・03(5213)7151～7
振替口座・00130-3-5283
http://www.shimizushoin.co.jp

検印省略
落丁本・乱丁本は
おとりかえします。

Century Books

Printed in Japan
ISBN978-4-389-42123-6

Century Books

清水書院の〝センチュリーブックス〟発刊のことば

近年の科学技術の発達は、まことに目覚ましいものがあります。月世界への旅行も、近い将来のこととして、夢ではなくなりました。しかし、一方、人間性は疎外され、文化も、商品化されようとしていることも、否定できません。

いま、人間性の回復をはかり、先人の遺した偉大な文化を継承して、高貴な精神の城を守り、明日への創造に資することは、今世紀に生きる私たちの、重大な責務であると信じます。

私たちがここに、「センチュリーブックス」を刊行いたしますのは、人間形成期にある学生・生徒の諸君、職場にある若い世代に精神の糧を提供し、この責任の一端を果たしたいためであります。

ここに読者諸氏の豊かな人間性を讃えつつご愛読を願います。

一九六七年

清水虔六

SHIMIZU SHOIN